ARTI I BURGERIT

100 receta për të rritur vaktin e preferuar të Amerikës

Bujar Gjoni

Materiali për të drejtat e autorit ©2024

Të gjitha të drejtat e rezervuara

Asnjë pjesë e këtij libri nuk mund të përdoret ose transmetohet në çfarëdo forme apo mjeti pa pëlqimin e duhur me shkrim të botuesit dhe pronarit të së drejtës së autorit, përveç citimeve të shkurtra të përdorura në një përmbledhje. Ky libër nuk duhet të konsiderohet si zëvendësim i këshillave mjekësore, ligjore ose të tjera profesionale.

TABELA E PËRMBAJTJES

TABELA E PËRMBAJTJES..3
PREZANTIMI..7
BURGER PËR PULGER...9
1. BURGER PULE TË GRIRË ME KRIPË DHE UTHULL.................10
2. BURGER PORTUGEZ PULE..13
3. HARISA & BURGER ME DHALLË PULE..............................17
4. BURGERS JALAPEÑO TURQI ME COTIJA SALSA....................20
5. BURGER I GJELIT TË RIKOTËS DHE BORZILOKUT.................23
6. BURGERA ME GJELDETI FETA......................................25
7. BURGER PULE ME GJALPË MADRAS................................27
8. PIRG PULE NË BARBEKJU..30
9. BURGERA ME TURQINË GREKE ME FETA..........................32
10. BURGER BUFFALO CHICKEN..34
11. BURGER GJELDETI DHE BORONICË................................36
12. BURGER PULE PESTO...38
13. BURGER ME SPINAQ DHE FETA GJELDETI........................40
BURGER MISHI..42
14. MONTY I PLOTË BURGER...43
15. NGARKUAR QUATTRO FORMAGGI BURGERS......................46
16. BURGERA ME GJOKS VIÇI..49
17. BURGERS ME KËRPUDHA DHE VIÇI ME CHIPOTLE MAYO.........52
18. BRISKET KOREANE DHE BURGER KIMCHI.........................55
19. BBQ HAVARTI CHEESEBURGERS....................................58
20. BURGER ME SALCË TERIYAKI......................................61
21. CHEESEBURGERS VERË TË KUQE..................................64
22. VIÇI, RIKOTA DHE SPINAQI..67
23. HASH BROWN DHE CHUCK BURGER...............................69
24. BURGER BLACK ANGUS ME DJATHË ÇEDËR.......................71
25. WAGYU BURGER...73
26. BURGER BIFTEKU I ZI DHE BLU...................................75
27. CHUCK STEAK BURGER...78
28. BURGERE VIÇI ME PROVOLONE DHE TURSHI.....................80
29. BURGER PËR MËNGJES ME MIKROGJELBËRIME LAKËR JESHILE. 83

30. BURGERS VIÇI KARAIBE ME MANGO SALSA..................86
BURGER QENGJ..................88
31. BURGER ME MISH QENGJI ME FETA DHE NENEXHIK..................89
32. BURGERA ME MISH QENGJI MAROKEN DHE HARISSA..................92
33. BURGER ME MISH QENGJI ME MOCARELA DHE KASTRAVEC.....95
34. BURGER ME QENGJ MESDHETAR..................98
35. BURGER PIKANT HARISA LAMB..................100
36. BURGER GREK I QENGJIT..................102
37. BURGER ME QENGJ TË LINDJES SË MESME..................104
38. BURGER BARISHTE QENGJI..................106
39. BURGER INDIAN ME QENGJ ME ERËZA..................108
40. BURGER QENGJI ME FRYMËZIM ITALIAN..................110
41. BURGER QENGJI I FRYMËZUAR NGA AZIA..................112
BURGER ME DERRI..................114
42. CHORIZO'BURGERS..................115
43. BURGER DERRI DHE VIÇI ME AIOLI..................118
44. KAHLUA TËRHOQI RRËSHQITËS TË DERRIT..................122
45. PROSHUTË KROKANTE DHE BURGER ME VEZË..................125
46. CHEESEBURGERS ME SALCË KASTRAVEC TURSHI..................127
47. BURGER DERRI TERIYAKI..................130
48. BURGER DERRI ME MOLLË DHE SHEREBELË..................132
49. BURGER JALAPENO DHE CHEDDAR PORK..................134
50. BURGER DERRI I STILIT ITALIAN..................136
51. BURGER DERRI MAPLE-BACON..................138
52. PINEAPPLE-TERIYAKI BURGER DERRI..................140
53. BURGER DERRI MESDHETAR..................142
54. BURGER I DERRIT TË SHEREBELËS DHE MOLLËS..................144
BURGER PESHQI DHE PRODUKTE DETI..................146
55. BURGERS PESHKU TË THËRRMUAR NATËN E SË PREMTES.......147
56. BURGERA PESHKU ME BRUM BIRRË ME SALCË TARTARE.........150
57. TEMPURA FISH BURGER..................153
58. FILETO ME BURGER PESHKU..................156
59. BURGERS ME MERLUC..................158
60. BURGERA PESHKU ME FRYMËZIM AZIATIK..................161
61. BURGER ME SALMON PESHKATAR ME FAT..................164
BURGERË FRUTA..................167

62. BURGER PULE ME PJESHKË DHE BRIRË ... 168
63. BURGER MANGO BLACK BEAN ... 170
64. BURGER VIÇI ME DARDHË DHE DJATHË BLU ... 173
65. BURGER ME DJATHË PJESHKE DHE DHIE TË PJEKUR NË SKARË . 175
66. BURGER VIÇI ME DJATHË DHIE BORONICË ... 178
BURGER VEGGIE ... 180
67. BURGER ME PATATE TË ËMBLA ... 181
68. BURGERA ME KUNGULL DHE HALOUMI ... 184
69. HALOUMI HASH BURGERS ME KALE AIOLI ... 187
70. BURGERS FRITTER KUNGULL I NJOMË ... 190
71. BURGERA ME KËRPUDHA TURSHI DHE HALOUMI ... 194
72. BURGERA ME PATËLLXHANË TEMPURA ... 197
73. BURGER AVOKADO I PJEKUR NË SKARË ME FASULE TË MARINUARA ... 200
74. BURGERA ME PERIME ME AVOKADO ... 203
75. BURGER PESTO ME KËRPUDHA ... 205
76. BURGER ME KËRPUDHA PORTOBELLO ... 207
77. BURGER ME KUNGULLESHKA DHE QIQRA ... 209
78. BURGER ME PATATE TË ËMBLA DHE KUINOA ... 211
79. BURGER TOFU ME KËRPUDHA ... 213
80. BURGERA ME ARRA DHE PERIME ... 215
81. BURGER ME KËRPUDHA TË EGRA ... 217
BURGER ME BISHJE DHE KOKRI ... 219
82. BURGERA TË GJALLË QIQRASH ... 220
83. BURGER CAJUN BLACK BEAN ... 223
84. BURGER ME THJERRËZA DHE ARRA ... 226
85. BURGER I FASULES SË ZEZË SANTA FE ... 228
86. BURGERA ME ORIZ ME THJERRËZA ... 230
87. BURGER MUNG BEAN ME ULLINJ ... 232
88. BURGER FASULE E ZEZË ME ÇEDËR DHE QEPË ... 234
89. BURGER ME KUINOA DHE PATATE TË ËMBLA ... 237
90. BURGERA ME THJERRËZA DHE ORIZ ... 240
91. G BURGER SHIU DHE DJATHI ... 242
92. SANDUIÇ ME KUINOA TË KUQE DYKATËSHE ... 244
BURGERËT E MBUSHUR ... 247
93. BURGER I MBUSHUR ME DJATHË BLU DHE SPINAQ ... 248

94. BURGERS GUACAMOLE ME DJATHË DHIE TË MBUSHURA........251
95. BURGERS TË MBUSHUR ME PROSHUTË ME DJATHË PIMENTO 255
96. BURGERS ME SALSIÇE TË MBUSHURA ME PROSHUTË GUACAMOLE........259
97. BURGERA TË MBUSHUR ME DJATHË BLU DHE PROSHUTË........261
98. BURGERS FETA TË MBUSHURA GREKE ME TZATZIKI........264
99. BURGERA TË MBUSHURA ME KËRPUDHA........267
100. BURGERA TË KARAMELIZUARA TË MBUSHURA ME QEPË........269
PËRFUNDIM........272

PREZANTIMI

Mirë se vini në "Arti i Burgerit: 100 receta për të çuar në përsosmëri vaktin e preferuar të Amerikës". Burgerët, me petat e tyre të lëngshme, mbushjet me shije dhe simitet me jastëk, janë një pjesë thelbësore e kuzhinës amerikane. Në këtë libër gatimi, ju ftojmë të eksploroni artin e bërjes së hamburgerëve, duke zbuluar 100 receta të shijshme që do ta çojnë lojën tuaj të hamburgerit në lartësi të reja dhe do të kënaqin dëshirën tuaj për këtë ushqim të dashur komod.

Burgeri është më shumë se thjesht një vakt; është një kanavacë për kreativitetin e kuzhinës dhe shprehjen personale. Në këtë libër gatimi, ne do të shqyrtojmë elementët që bëjnë një burger të mrekullueshëm, nga zgjedhja e prerjeve më të mira të mishit deri te zotërimi i artit të erëzave, pjekjes në skarë dhe montimit. Pavarësisht nëse preferoni hamburgerët tuaj klasikë dhe të thjeshtë ose të mbushur me maja dhe salca gustator, do të gjeni shumë frymëzim brenda këtyre faqeve.

Çdo recetë në këtë libër gatimi është krijuar me kujdes dhe vëmendje ndaj detajeve, duke siguruar që çdo kafshatë të jetë një simfoni shijesh dhe tekstesh që do t'ju lënë të dëshironi më shumë. Nga hamburgerët klasikë të viçit deri te krijimet krijuese që përmbajnë pulë, gjeldeti, peshk dhe përbërës vegjetarianë, ka një burger për çdo shije dhe preferencë diete.

Me udhëzime të qarta, këshilla të dobishme dhe fotografi mahnitëse, "Arti i Burgerit" e bën të lehtë krijimin e hamburgerëve të cilësisë së restorantit në komoditetin e kuzhinës tuaj. Pavarësisht nëse jeni duke gatuar në skarë jashtë, duke gatuar brenda ose duke ndezur sobën, këto receta me siguri do të bëjnë përshtypje dhe do të kënaqen me çdo kafshatë.

BURGER PËR PULGER

1. Burger pule të grirë me kripë dhe uthull

PËRBËRËSIT:
- 4 rrotulla buke të bardha, të prera në gjysmë
- ⅓ filxhan majonezë djegës
- 8 gjethe marule gjalpë
- 8 feta djathë çedër të mprehtë të cilësisë së mirë
- 2 domate te pjekura
- ½ qepë e kuqe e vogël, e prerë hollë në feta
- 4 turshi të plota të koprës, të prera në feta

PËR PULËN E THRIMËRUAR:
- 2 gjoks pule
- ½ filxhan uthull molle
- 1 lugë gjelle mustardë Dijon
- 100 g kripë dhe patate të skuqura uthull
- 1 ½ filxhan bukë panko
- 2 lugë fara susami
- ⅓ filxhan miell i thjeshtë
- 2 vezë të rrahura lehtë
- Vaj vegjetal për tiganisje të cekët

UDHËZIME:
PËRGATITNI pulën e thërmuar:
a) Pritini çdo gjoks pule horizontalisht për të krijuar 4 copa të holla. Vendosini ato në një tas me uthull molle, mustardë Dijon, ½ lugë çaji kripë dhe piper të zi të sapo bluar. Hidheni të lyhet dhe lëreni për 20 minuta për t'u marinuar.

PËRGATITNI VESHJES:
b) Vendosni patate të skuqura kripë dhe uthull në një përpunues të vogël ushqimi dhe pulsoni derisa të shtypen. I kalojmë në një tas mesatar dhe shtojmë thërrimet e pankos dhe farat e susamit. Lëreni këtë përzierje

mënjanë. Vendosni miellin e thjeshtë në një pjatë dhe vezët e rrahura në një tas të veçantë.

Lyejeni pulën:

c) Duke përdorur darë dhe duke punuar me një copë, hiqeni pulën nga marinada, lyeni me miell, zhytni në vezët e rrahura dhe më pas shtypeni në masën e thërrimeve të bukës që të lyhet plotësisht. Vendosni copat e pulës të veshura në një pjatë. Përsëriteni këtë proces për pjesën e mbetur të pulës.

SIGJENI PULËN:

d) Ngrohni afërsisht 1 cm vaj vegjetal në një tigan të madh mbi nxehtësinë mesatare-të lartë. Shtoni copat e pulës dhe ziejini për 3-4 minuta nga secila anë ose derisa të marrin ngjyrë të artë dhe të zihen.

e) Mbi çdo pjesë me një fetë djathë çedar dhe gatuajeni për 30 sekonda të tjera ose derisa djathi të shkrihet pak. Transferoni pulën e gatuar në një pjatë të veshur me peshqir letre për të kulluar vajin e tepërt.

MBLEDHNI BURGERËT:

f) Pritini roletë e bukës në gjysmë dhe vendosni majonezë djegës në gjysmat e poshtme. Shtroni secilën gjysmë të poshtme me marule, feta domate, pulë krokante, qepë të kuqe dhe feta turshi. Hidhni sipër gjysmën tjetër të simite për të krijuar një burger. Shërbejeni dhe shijoni!

2. Burger portugez pule

PËRBËRËSIT:
PËR SBUZAT E QUMËSHTIT:
- 2 lugë miell të thjeshtë
- ½ filxhan bukë të imët
- ½ lugë çaji paprika e tymosur
- 3 gjoksa pule të mëdha ose 5 të vogla
- ⅓ filxhan vaj luledielli
- ⅔ filxhan majonezë
- 4 feta gouda ose djathë provolone
- 1 ½ filxhan marule ajsberg, e grirë

PËR simite me qumësht:
- ¾ filxhan qumësht, i ngrohur
- 7 g maja e thatë në qese
- 2 lugë sheqer pluhur
- 300 g miell buke ose miell i thjeshtë, plus shtesë nëse është e nevojshme
- 50 g gjalpë të grirë pa kripë, të zbutur
- 1 e verdhë veze e kombinuar me 1 lugë gjelle ujë
- 2 lugë çaji fara susami

PËR salcën PERI PERI:
- ⅓ filxhan vaj ulliri ekstra të virgjër
- 2 lugë sheqer pluhur
- ⅓ filxhan uthull vere të kuqe
- 10 speca djegës me sy të shpendëve, 8 me fara
- 4 thelpinj hudhre
- 20 g xhenxhefil
- Lëkura dhe mishi i 1 limoni
- 1 lugë çaji paprika e tymosur
- Një majë kripë

UDHËZIME:
PËR SBUZAT E QUMËSHTIT:

a) Vendosni qumështin e ngrohtë, majanë dhe sheqerin në një tas me mikser dhe lërini mënjanë për 5 minuta derisa të bëhet shkumë. Shtoni miellin me 1 lugë çaji kripë dhe përdorni grepin e brumit për ta përzier derisa të jetë e butë dhe elastike.
b) Me motorin në punë, shtoni gjalpin dhe përziejini për 6-8 minuta derisa të kombinohen dhe të jenë të lëmuara.
c) Shtoni pak miell shtesë nëse është e nevojshme për të bashkuar përzierjen. Transferoni brumin në një tas të lyer me yndyrë dhe lëreni për 1 orë në një vend të ngrohtë për ta provuar.
d) E ndajmë brumin në 5 pjesë dhe me duar të lyera me miell e rrotullojmë në toptha. Vendoseni në një tepsi të shtruar dhe lëreni për 40 minuta të tjera ose derisa të dyfishohet në madhësi.
e) Ngroheni furrën në 180°C. Bashkoni të verdhën e vezës me 1 lugë gjelle ujë dhe lyeni me furçë simitet, më pas shpërndajeni me farat e susamit. Piqeni për 10 minuta ose derisa të fryhet dhe të marrë ngjyrë të artë. (Gjatë pjekjes, hidhni pak ujë në fund të furrës për të krijuar avull, kjo do të ndihmojë në formimin e një kore të lehtë mbi bukë.)

PËR salcën PERI PERI:
f) Vendosni të gjithë përbërësit në një procesor të vogël ushqimi dhe përpunojini derisa të copëtohen imët.
g) Transferoni përzierjen në një tenxhere mbi nxehtësinë mesatare dhe përzieni për 6-8 minuta ose derisa të

trashet. E heqim nga zjarri dhe e lëmë mënjanë të ftohet.

PËR PULËN:

h) Kombinoni miellin, thërrimet e bukës, paprikën dhe 1 lugë çaji kripë në një tas. Le menjane. Pritini gjokset e pulës horizontalisht në feta 1 cm të trasha. Vendoseni secilën pjesë midis 2 copë letre për pjekje dhe grijeni që të rrafshohet pak, më pas lyeni lehtë secilën fetë me përzierjen e miellit.

i) Nxehni 2 lugë gjelle vaj në një tigan të madh mbi nxehtësinë mesatare-të lartë. Në tufa, gatuajeni pulën për 2 minuta nga secila anë, duke e shtypur me një shpatull derisa të marrë ngjyrë të artë, të gatuhet dhe të fillojë të shkrihet.

j) Shtoni vaj shtesë nëse është e nevojshme. Transferoni në një pjatë.

KUVENDI:

k) Ndani simitet, më pas lyeni bazën me majonezë. Sipër hidhet marule e grirë, më pas dy feta pule. Spërkateni sipër salcës peri peri dhe sipër me djathë. Lyejeni kapakun e simites me qumësht me më shumë majonezë dhe salcë peri peri dhe vendoseni sipër burgerit.

l) Shërbejeni menjëherë.

3. Harisa & Burger me dhallë pule

PËRBËRËSIT:
- 1 filxhan (250 ml) dhallë
- 2 lugë gjelle harissa
- Lëng nga 1 limon
- 4 kofshë pule të mëdha (rreth 200 g secila).
- 1 filxhan (150 g) miell i thjeshtë
- 1/4 filxhan (35 g) miell misri
- 1 lugë çaji hudhër pluhur
- 1 lugë çaji koriandër të bluar
- 1 lugë çaji sumak
- 1 kastravec libanez, i prerë në feta të kryqëzuara hollë (duke përdorur një mandolinë)
- 1 lugë çaji sheqer pluhur
- 1/2 filxhan (125 ml) majonezë me vezë të plota
- Vaj luledielli, për tiganisje të thellë
- 1 marule gjalpë, gjethet të ndara
- 4 simite të mëdha burger, të përgjysmuar dhe të thekur lehtë

UDHËZIME:
MARINATOJMË PULËN:
a) Në një tas, përzieni dhallën, 1 lugë gjelle harissa, gjysmën e lëngut të limonit dhe 3 lugë çaji kripë. Shtoni kofshët e pulës, kthejini në shtresë dhe vendosini në frigorifer të marinohen për 30 minuta (ose edhe gjatë gjithë natës).

b) Në një enë tjetër, bashkoni miellin, miellin e misrit, hudhrën pluhur, koriandrën e bluar, sumakun, 2 lugë çaji kripë dhe 1/2 lugë çaji piper të zi të bluar. Le menjane.

BËNI kastravec turshi:

c) Në një tas të veçantë, kombinoni kastravecin, lëngun e mbetur të limonit, sheqerin dhe 1/2 lugë çaji kripë. Lëreni mënjanë për 15 minuta që të marinohet lehtë.

PËRGATITNI MAJONEZËN HARISSA:
d) Kombinoni majonezën dhe 1 lugë gjelle të mbetur harissa në një tas të vogël.
e) Mbushni gjysmën me vaj luledielli një tigan ose një tigan të madh dhe ngroheni në 170°C (një kub bukë do të marrë ngjyrë kafe pas 20 sekondash). Në dy grupe, hiqni pulën nga dhalli dhe vendoseni në përzierjen e miellit, duke e kthyer në shtresë. Skuqini për 7 minuta ose derisa të jenë të freskëta dhe të gatuara. Kullojeni në një peshqir letre dhe mbulojeni lirshëm me fletë metalike ndërsa gatuani pjesën e mbetur të pulës.

MBLEDHNI BURGERËT:
f) I lyejmë anët e prera të simiteve me majonezë harissa. Sipër gjysmat e poshtme me marule, kastravec të kulluar dhe pulë të skuqur. Sanduiç me gjysmat e sipërme.
g) Shijoni hamburgerët tuaj Crisp Buttermilk dhe Harissa Chicken Burgers!

4. Burgers Jalapeño Turqi me Cotija Salsa

PËRBËRËSIT:
- 1 kile gjoks gjeldeti i bluar (99% i dobët)
- ½ qepë e verdhë mesatare, e prerë në kubikë
- 1 jalapeño, e prerë imët (farat dhe brinjët e hequra)
- 2 lugë çaji qimnon
- 1½ lugë çaji pluhur djegës
- ½ lugë çaji pluhur hudhër
- ¼ lugë çaji kripë
- ¼ lugë çaji piper
- 4 kallinj misri
- 1 luge vaj ulliri
- ½ filxhan qepë të kuqe të prerë në kubikë
- ⅓ filxhan cilantro e copëtuar
- Lëng nga 2 lime
- ½ filxhan djathë cotija i grimcuar
- ¼ lugë çaji kripë
- ¼ lugë çaji piper
- Simite me grurë integrale (të thekura nëse dëshironi)
- Marule Bibb për sipër
- Avokado për sipër

UDHËZIME:
a) Në një tas mesatar, kombinoni gjelin e bluar, qepën e verdhë të prerë në kubikë, jalapeño të grirë imët, qimnon, pluhur djegës, pluhur hudhër, kripë dhe piper. Përziejini përbërësit me duar dhe formoni katër peta me madhësi të barabartë.

b) Lyejini kallinjtë me vaj ulliri dhe i rregulloni pak me kripë dhe piper. Lëreni misrin mënjanë.

c) Ngrohni grilën ose tiganin tuaj të skarës në nxehtësi mesatare-të lartë. Grijini në skarë burgerët e gjelit të detit për rreth 4-5 minuta nga çdo anë ose derisa të jenë gatuar. Ndërsa piqni burgerët në skarë, mund të piqni edhe misrin, duke i rrotulluar çdo minutë ose më shumë për të marrë një karbon të barabartë.

d) Për të bërë salsa, prisni kokrrat e misrit të pjekur në skarë nga kalli dhe vendosini në një tas mesatar. Shtoni qepën e kuqe të prerë në kubikë, cilantron e copëtuar, lëngun e limonit, djathin cotija të grimcuar, kripën dhe piperin. Përziejini gjithçka së bashku. Shijoni dhe rregulloni erëzat nëse është e nevojshme, duke shtuar më shumë lëng lime nëse dëshironi.

e) Mblidhni burgerët duke vendosur çdo petë gjeli në një simite. Sipër shtoni marule bibb, feta avokado dhe një lugë bujare me salsa cotija misri të pjekur në skarë.

f) Shërbejini hamburgerët tuaj të shijshëm Jalapeño Turkey me Salsa Cotija me Misër të pjekur në skarë dhe Avokado! Kënaquni!

5.Burger i gjelit të rikotës dhe borzilokut

PËRBËRËSIT:
- 1 kile gjeldeti i bluar
- 1 filxhan djathë rikota
- ½ filxhan borzilok të freskët të copëtuar
- ½ lugë çaji pluhur hudhër
- Kripë dhe piper
- Simite Burger dhe toppings sipas zgjedhjes suaj

UDHËZIME:
a) Ngrohni grilën ose tiganin tuaj të skarës në nxehtësi mesatare-të lartë.
b) Në një tas përzieni gjelin e bluar, djathin rikota, borzilokun e grirë, hudhrën pluhur, kripën dhe piperin.
c) Përziejini mirë dhe formoni 4 peta me përmasa të barabarta.
d) Grijini burgerët për 4-5 minuta nga secila anë, ose derisa të gatuhen sipas dëshirës tuaj.
e) Bëj të thekur simite burger në skarë.
f) Mblidhni burgerët me mbushjet e dëshiruara.
g) Shërbejeni dhe shijoni.

6. Burgera me gjeldeti feta

PËRBËRËSIT:
- 8 ons gjoks gjeldeti i bluar
- 1½ lugë gjelle vaj ulliri ekstra të virgjër
- 2 thelpinj hudhre, te grira
- 2 lugë çaji rigon i freskët, i grirë
- ½ lugë çaji thekon piper të kuq, të grimcuar
- Kripë, sipas nevojës
- ¼ filxhan djathë feta, i grimcuar

UDHËZIME:
a) Në një tas të madh shtoni të gjithë përbërësit përveç djathit feta dhe përziejini derisa të bashkohen mirë.
b) Bëni 2 peta (½ inç të trashë) nga përzierja.
c) Shtypni butonin AIR OVEN MODE të furrës Digital Air Fryer dhe rrotulloni çelësin për të zgjedhur modalitetin "Air Fry".
d) Shtypni butonin KOHA/FETAT dhe rrotulloni sërish çelësin për të vendosur kohën e gatimit në 15 minuta.
e) Tani shtypni butonin TEMP/SHADE dhe rrotulloni çelësin për të vendosur temperaturën në 360 °F.
f) Shtypni butonin "Start/Stop" për të filluar.
g) Kur njësia të bie për të treguar se është ngrohur paraprakisht, hapni derën e furrës.
h) Vendosini petat në koshin e skuqur me yndyrë dhe futini në furrë.
i) Ktheni burgerët e gjelit të detit një herë në gjysmë të rrugës.
j) Kur të ketë përfunduar koha e gatimit, hapni derën e furrës dhe shërbejeni të nxehtë me majën e djathit feta.

7. Burger pule me gjalpë Madras

PËRBËRËSIT:

- 2 (rreth 500 gr) gjoks pule, të prerë në kubikë 1 cm
- 1 lugë gjelle pluhur kerri i nxehtë Madras
- 1 lugë fara nigella
- 60 gr gjalpë pa kripë, i grirë, i zbutur
- 6 simite të vogla të bardha burger ose bukë
- 2 lugë gjelle mango chutney, plus shtesë për të shërbyer
- $\frac{1}{2}$ filxhan (140 g) kos grek
- $\frac{1}{2}$ kokë marule gjalpë, gjethet të ndara
- Gjethet e koriandrit, për t'u shërbyer
- djegës i gjatë jeshil i prerë hollë (opsionale), për t'u shërbyer
- Pyka gëlqereje, për t'u shërbyer

UDHËZIME:

a) Mbushni një tepsi me letër furre dhe vendosni rrathët e vezëve në tepsi të përgatitur. Vendosni pulën, pluhurin e kerit, farat e nigellës dhe gjalpin në një tas dhe përzieni derisa pula të jetë lyer mirë. Ndani përzierjen e pulës në mënyrë të barabartë midis rrathëve të vezëve dhe ftohni për 2 orë ose derisa petat të jenë vendosur.

b) Nxehni një tigan që nuk ngjit mbi nxehtësinë mesatare-të lartë. Shtoni petat në unazat e vezëve dhe gatuajeni për 4 minuta ose derisa të marrin ngjyrë të artë.

c) Rrokullisni petat dhe unazat dhe gatuajeni edhe për 4 minuta të tjera ose derisa petat të jenë gatuar. Hiqeni nga unazat dhe lëreni mënjanë, të mbuluar lirshëm me fletë metalike.

d) Ndani simitet dhe shpërndani chutney mbi baza dhe kos mbi kapak. Mbi çdo bazë me marule dhe një petë pule. Spërkateni me koriandër dhe djegës, nëse përdorni, dhe sezoni.

e) Sipër hamburgerët me kapakë simite dhe shërbejini me chutney shtesë mango dhe copa lime.

8. Pirg pule në Barbekju

PËRBËRËSIT:
- 8 ons salcë lakër grirë
- Kanaçe 8 ons me gjemba ananasi, të kulluara
- ½ filxhan salcë sallate me lakër
- 1 filxhan salcë Barbecue
- ½ lugë çaji salcë piper djegës
- ½ lugë çaji kripë
- 4 gjoks pule pa kocka dhe pa lëkurë
- 4 simite hamburgeri

UDHËZIME:
a) Në një pjatë të madhe, përzieni sallat me lakër, ananasin dhe salcën; përziejmë mirë dhe e lëmë mënjanë.
b) Në një pjatë të moderuar, përzieni salcën e Barbecue dhe salcën e nxehtë. Spërkatni në mënyrë të barabartë të dy anët e pulës me kripë dhe më pas lyeni me përzierjen e salcës.
c) Grijini gjokset e pulës në skarë për 10 deri në 13 minuta, ose derisa të mos mbetet trëndafili dhe lëngjet të jenë të qarta, duke i rrotulluar shpesh dhe, për 5 minutat e para, duke i lyer çdo herë me salcë Barbecue.
d) Vendoseni pulën në simite, sipër me salcë lakër dhe shërbejeni.

9. Burgera me Turqinë Greke me Feta

PËRBËRËSIT:
- 1¼ paund gjeldeti i grirë pa yndyrë
- 1 vezë e rrahur
- ½ qepë e kuqe mesalare, e grirë, plus 4 feta të holla qepë të kuqe
- 2 lugë majdanoz të freskët të grirë
- 2 lugë ullinj të grirë Kalamata
- 2 lugë çaji rigon të freskët të copëtuar
- 1 thelpi hudhër, e grirë
- ½ lugë çaji piper i sapo bluar
- 4 simite hamburgeri me grurë të plotë, të thekur
- 4 grushte gjethe spinaqi bebe
- 1 domate e madhe, e prerë në feta

UDHËZIME:
a) Në një tas të madh përzierjeje, bashkoni gjelin e detit, vezën, qepën e grirë, majdanozin, ullinjtë, rigonin, hudhrën dhe piperin dhe përzieni mirë. Formoni përzierjen në 4 peta me madhësi të barabartë, rreth ½ inç të trasha.

b) Ngrohni një Barbecue ose skarë në nxehtësi mesatare-të lartë, ose ngrohni një tigan që nuk ngjit mbi nxehtësinë mesatare-të lartë. Gatuani burgerët për rreth 4 minuta nga çdo anë, derisa të gatuhen dhe të skuqen nga jashtë.

c) Shërbejini burgerët brenda simite me spinaq, domate dhe një fetë qepë të kuqe. Ofroni erëza të tilla si majonezë, ketchup ose mustardë, sipas dëshirës.

10. Burger Buffalo Chicken

PËRBËRËSIT:
- 1 kile pule e bluar
- ¼ filxhan salcë të nxehtë
- 2 lugë selino të grira hollë
- 2 lugë qepë të kuqe të grirë hollë
- 1 thelpi hudhër, e grirë
- Kripë dhe piper për shije
- 4 simite burger
- Salcë djathi blu dhe marule për sipër

UDHËZIME:
a) Në një tas, bashkoni pulën e bluar, salcën e nxehtë, selinon, qepën e kuqe, hudhrën, kripën dhe piperin.
b) Përziejini mirë derisa të gjithë përbërësit të përfshihen në mënyrë të barabartë.
c) Përzierjen e ndajmë në katër pjesë të barabarta dhe i japim formë pete.
d) Ngrohni paraprakisht një tigan me skarë ose sobë mbi nxehtësinë mesatare-të lartë.
e) Gatuani petat e pulës për rreth 4-5 minuta nga çdo anë, ose derisa të arrijnë një temperaturë të brendshme prej 165°F (74°C).
f) Skuqni kokrrat e burgerit lehtë në skarë ose në një dolli.
g) Përhapni salcën e djathit blu në gjysmën e poshtme të çdo simite.
h) Sipër vendosni një petë pule, e ndjekur nga marule.
i) Mbulojeni me gjysmën e sipërme të simite dhe shërbejeni.

11. Burger gjeldeti dhe boronicë

PËRBËRËSIT:
- 1 kile gjeldeti i bluar
- ¼ filxhan boronica të thata, të copëtuara
- 2 lugë qepë jeshile të grirë imët
- 2 lugë majdanoz të freskët të grirë
- 1 thelpi hudhër, e grirë
- Kripë dhe piper për shije
- 4 simite burger
- Salcë boronicë dhe gjethe spinaq për sipër

UDHËZIME:
a) Në një tas, kombinoni gjelin e bluar, boronicat e thata, qepën e gjelbër, majdanozin, hudhrën, kripën dhe piperin.
b) Përziejini mirë derisa të gjithë përbërësit të përfshihen në mënyrë të barabartë.
c) Përzierjen e ndajmë në katër pjesë të barabarta dhe i japim formë pete.
d) Ngrohni paraprakisht një tigan me skarë ose sobë mbi nxehtësinë mesatare-të lartë.
e) Gatuani petat e gjelit të detit për rreth 4-5 minuta nga çdo anë, ose derisa të arrijnë një temperaturë të brendshme prej 165°F (74°C).
f) Skuqni kokrrat e burgerit lehtë në skarë ose në një dolli.
g) Vendosni një petë gjeldeti në gjysmën e poshtme të çdo simite.
h) Hidhni sipër salcën e boronicës së kuqe dhe gjethet e spinaqit.
i) Mbulojeni me gjysmën e sipërme të simite dhe shërbejeni.

12. Burger pule Pesto

PËRBËRËSIT:

- 1 kile pule e bluar
- ¼ filxhan salcë pesto të përgatitur
- 2 lugë djathë parmixhano të grirë
- 1 thelpi hudhër, e grirë
- Kripë dhe piper për shije
- 4 simite burger
- Domate të prera në feta dhe gjethe borziloku të freskët për sipër

UDHËZIME:

a) Në një tas bashkoni mishin e pulës së bluar, salcën pesto, djathin parmixhano, hudhrën, kripën dhe piperin.
b) Përziejini mirë derisa të gjithë përbërësit të përfshihen në mënyrë të barabartë.
c) Përzierjen e ndajmë në katër pjesë të barabarta dhe i japim formë pete.
d) Ngrohni paraprakisht një tigan me skarë ose sobë mbi nxehtësinë mesatare-të lartë.
e) Gatuani petat e pulës për rreth 4-5 minuta nga çdo anë, ose derisa të arrijnë një temperaturë të brendshme prej 165°F (74°C).
f) Skuqni kokrrat e burgerit lehtë në skarë ose në një dolli.
g) Vendosni një petë pule në gjysmën e poshtme të çdo simite.
h) Hidhni sipër domate të prera në feta dhe gjethe borziloku të freskët.
i) Mbulojeni me gjysmën e sipërme të simite dhe shërbejeni.

13. Burger me spinaq dhe feta gjeldeti

PËRBËRËSIT:
- 1 kile gjeldeti i bluar
- ½ filxhan spinaq të gatuar të copëtuar (shtrydhni çdo lagështi të tepërt)
- 2 lugë djathë feta të grimcuar
- 2 thelpinj hudhre, te grira
- Kripë dhe piper për shije
- 4 simite burger
- Salcë Tzatziki dhe kastravec të prerë për sipër

UDHËZIME:
a) Në një enë bashkoni gjelin e bluar, spinaqin e grirë, djathin feta, hudhrën, kripën dhe piperin.
b) Përziejini mirë derisa të gjithë përbërësit të përfshihen në mënyrë të barabartë.
c) Përzierjen e ndajmë në katër pjesë të barabarta dhe i japim formë pete.
d) Ngrohni paraprakisht një tigan me skarë ose sobë mbi nxehtësinë mesatare-të lartë.
e) Gatuani petat e gjelit të detit për rreth 4-5 minuta nga çdo anë, ose derisa të arrijnë një temperaturë të brendshme prej 165°F (74°C).
f) Skuqni kokrrat e burgerit lehtë në skarë ose në një dolli.
g) Përhapni salcën tzatziki në gjysmën e poshtme të çdo simite.
h) Sipër vendosni një petë gjeldeti dhe më pas kastravecin e prerë në feta.
i) Mbulojeni me gjysmën e sipërme të simite dhe shërbejeni.

BURGER MISHI

14. Monty i plotë Burger

PËRBËRËSIT:
- 500 gr mish viçi i grirë
- 500 g salsiçe viçi, zorrët e hequra
- 6 tharëse proshutë
- 1 qepë e madhe, e prerë hollë
- 225 g kanaçe panxhar, të kulluar dhe të grirë
- 6 rrathë ananasi, të kulluara
- 6 vezë
- 6 feta djathë të shijshëm
- 6 role buke të buta, të përgjysmuara horizontalisht
- 2 gota marule ajsberg të grirë
- 3 tranguj të mëdhenj të prerë në feta për së gjati
- Barbecue dhe salcë domatesh, për t'u shërbyer

UDHËZIME:
a) Në një tas të madh, bashkoni mishin e grirë të viçit dhe mishin e sallamit, duke i përzier mirë që të bashkohen. Ndani masën në 6 peta dhe rrafshoni secilën në një petë të përafërt 12 cm. Le menjane.

b) Ngrohni një pjatë të sheshtë për Barbecue të lyer me pak yndyrë dhe grijeni në zjarr të lartë.

c) Gatuani proshutën për 3-4 minuta, duke e kthyer, derisa të bëhet e karbonizuar dhe e freskët. Gatuani qepën dhe panxharin në një pjatë të sheshtë, duke i hedhur shpesh, për 4-5 minuta derisa qepa të karamelizohet. Lërini të dyja mënjanë dhe mbajini të ngrohta.

d) Vendosni unazat e ananasit në pjatën e sheshtë dhe thyeni një vezë në qendër të secilës unazë. Gatuani për 4-6 minuta derisa vezët të jenë gatuar sipas dëshirës tuaj. I lëmë mënjanë me përbërësit e tjerë.

e) Ziejini petat në Barbekju për 2-3 minuta nga njëra anë, më pas kthejini ato. Mbushni çdo petë me një fetë

djathë dhe gatuajeni për 3-4 minuta të tjera derisa petat të jenë gatuar dhe djathi të shkrihet.
f) Vendosni një petë në bazën e një rrotull buke, më pas mbi të me qepë dhe panxhar, pasuar nga proshutë dhe ananas me vezë. Shpërndani sipër marule ajsberg të grirë dhe sipër i hidhni trangujve.
g) Shërbejeni me salcën tuaj të preferuar.

15. Ngarkuar Quattro Formaggi Burgers

PËRBËRËSIT:

- ½ filxhan (125 ml) qumësht
- 2 feta (80 g) bukë me brumë kosi të bardhë, korja e hequr
- 700 gr mish viçi me cilësi të mirë
- 100 gr grimca, të prera, të prera imët
- 1 vezë e rrahur lehtë
- 2 lugë qiqra të grira hollë
- 1 qepë e prerë, e prerë imët
- ¼ lugë çaji arrëmyshk i bluar
- ¼ filxhan (20 g) parmixhan i grirë
- ¼ filxhan (20 g) pekorino të grirë
- 4 feta djathë fontina
- 4 feta djathë Manchego
- 4 simite hamburger briosh, te thekur lehte
- 1 bebe cos marule, gjethe te ndara
- 265 g domate të mëdha, të prera në feta të trasha
- Kastravec turshi të prerë në feta, salcë Barbecue dhe patatina të nxehta, për t'u shërbyer

UDHËZIME:

a) Hidheni qumështin në një enë mesatare. Shtoni bukën dhe ziejini për 5 minuta. Shtrydheni butësisht bukën dhe hidhni qumështin e tepërt.

b) Transferoni bukën e njomur në një tas të madh së bashku me mishin e grirë të viçit, grilën e grirë hollë, vezën e rrahur, qiqrat e grira hollë, qepën e grirë imët, arrëmyshkun e bluar, parmixhanin e grirë dhe pekorinon e grirë.

c) E rregullojmë përzierjen me kripë dhe piper. Duke përdorur duart, përzieni të gjithë përbërësit. Përzierjen e ndajmë në katër petka burgeri. I vendosim në një

pjatë, i mbulojmë dhe i ftojmë për 30 minuta që të forcohen.
d) Ngrohni një tigan për skarë ose grill që nuk ngjit mbi nxehtësinë mesatare-të lartë.
e) Gatuani petat e burgerit për 4-5 minuta nga secila anë derisa të gatuhen sipas dëshirës tuaj. Mbi çdo petë hidhni një fetë fontina dhe një fetë Manchego. I mbulojmë me kapak për 1 minutë në mënyrë që nxehtësia e mbetur të shkrijë djathin.

MBLEDHNI BURGERËT:
f) Përhapeni salcë Barbecue në bazën e çdo simite. Më pas, hidhni sipër marule, peta burger, domate të prera në feta të trasha dhe turshi. Mbulojeni me kapak simite. Shërbejeni me patatina të nxehta.
g) Shijoni Burgerët tuaj të shijshëm Loaded Quattro Formaggi (katër djathë), veçanërisht kur kombinohen me një trëndafil të thatë!

16. Burgera me gjoks viçi

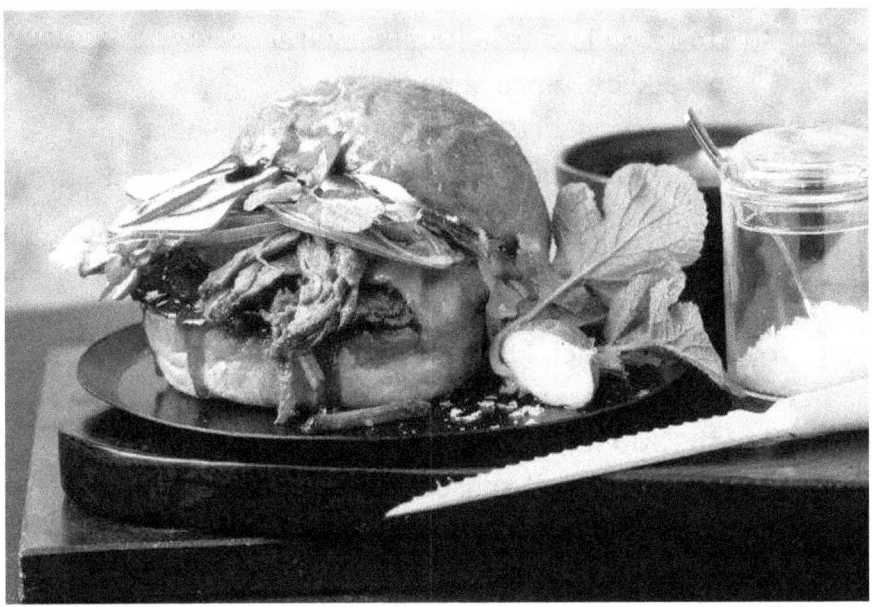

PËRBËRËSIT:
- 1 filxhan (280 g) kos grek
- 4 simite burger të përgjysmuar horizontalisht
- 8 feta të holla djathi Red Leicester
- 1 qepë e kuqe, e prerë hollë
- 2 gota degë lakërishte të paketuara lirshëm
- 3 rrepka të kuqe, të prera hollë, plus rrepka shtesë të përgjysmuara për servirje

PËR BRISKET TË NGELËDALË:
- $\frac{1}{4}$ filxhan (60 ml) vaj ulliri ekstra i virgjër
- 1,5 kg gjoks viçi, i prerë

PËR salcën me djegës të tymosur:
- 2 gota (500 ml) salcë Barbecue
- $\frac{1}{2}$ filxhan (125 ml) shurup panje
- 1 lugë gjelle paprika e tymosur (pimentón)
- 1 lugë çaji djegës i bluar

UDHËZIME:
a) Ngrohni furrën tuaj në 200°C.
b) Për të përgatitur gjoksin e zier ngadalë, ngrohni vajin e ullirit në një tenxhere të papërshkueshme nga furra në nxehtësi të lartë. Shtoni gjoksin dhe gatuajeni për 2 minuta nga secila anë derisa të skuqet mirë.
c) Shtoni 2 gota (500 ml) ujë, vendoseni të vlojë, mbulojeni dhe vendoseni në furrë. Uleni temperaturën e furrës në 160°C dhe zieni gjoksin duke e kthyer në gjysmë të rrugës për 4 orë ose derisa të zbutet shumë.
d) Hiqeni mishin nga lëngu i zierjes dhe lëreni gjoksin mënjanë të ftohet. Nëse planifikoni ta përdorni për rendin e viçit, ruani gjysmën e gjoksit të ftohur në një enë hermetike në frigorifer deri në 3 ditë ose në frigorifer deri në 3 muaj.

e) Ndërsa gjoksi është duke u gatuar, përgatisni salcën me djegës të tymosur. Në një tenxhere mbi nxehtësinë mesatare në të lartë, bashkoni të gjithë përbërësit e salcës dhe lërini të ziejnë. Gatuani duke e trazuar për 2 minuta për të zhvilluar shijet. E heqim salcën nga zjarri dhe e lëmë mënjanë të ftohet. (Mund ta ruani salcën, të mbuluar dhe të ftohur, deri në 3 javë.)
f) Pasi gjoksi të jetë ftohur mjaftueshëm për t'u trajtuar, grijeni atë në mënyrë të trashë duke përdorur dy pirunë dhe përziejeni me 1 filxhan (250 ml) salcë djegës të tymosur.
g) Për kosin djegës, në një tas palosni 2 lugë gjelle salcë djegëse të tymosur në kosin grek. Lëreni mënjanë.
h) Ngrohni grilën e furrës në nxehtësi të lartë.
i) Vendosini simitet e burgerit, me anën e prerë lart, në një tepsi dhe grijini në skarë, duke i kontrolluar rregullisht, për 2 minuta ose derisa të marrin ngjyrë të artë. Ndani përzierjen e gjoksit midis gjysmave të poshtme të simiteve, spërkatni me pak salcë djegëse të rezervuar dhe sipër secilës me 2 feta djathë. Vendosni burgerët e montuar në një tepsi dhe piqini në skarë për 90 sekonda ose derisa djathi të fillojë të shkrihet.
j) Vendosni kapakët e simiteve sipër burgerëve dhe shërbejini menjëherë me qepë të prerë, lakërishtë, rrepkë të prerë në feta dhe kos djegës. Mund t'i shërbeni edhe me rrepkë shtesë të përgjysmuar anash. Shijoni hamburgerët tuaj me gjoks viçi të pjekur ngadalë!

17. Burgers me kërpudha dhe viçi me Chipotle Mayo

PËRBËRËSIT:
- Vaj ulliri, për tiganisje
- 250 gr kërpudha porta bellini të prera imët
- Lëkura e gjysmë limoni
- 250 gr mish i grirë viçi pa dhjamë
- ½ lugë çaji kripë
- ½ lugë çaji rigon të tharë
- Një majë bujare koriandër të bluar
- Piper i zi i sapo bluar
- 1 lugë çaji mustardë Dijon
- 2 qepë të vogla, të prera imët
- ½ filxhan quinoa të gatuar, të ftohur
- 1 vezë
- ½ filxhan bukë të freskët
- 2 luge uthull balsamike
- Simite hamburgeri, të lyera pak me gjalpë
- Domate të prera në feta
- Unaza me qepë të kuqe
- Gjethe të freskëta marule
- 3 lugë majonezë të trashë të kombinuar me ½ lugë çaji paste çipotle dhe një shtrydhje me lëng limoni

UDHËZIME:
a) Ngrohim 1 lugë vaj ulliri në një tigan dhe kaurdisim kërpudhat e prera hollë në zjarr të fortë derisa të avullojë i gjithë lëngu. E rregullojmë lehtë me kripë dhe piper të zi të sapo bluar. Shtoni lëkurën e limonit dhe përzieni. I kalojmë kërpudhat në një tas për përzierje dhe i lëmë mënjanë të ftohen.

b) Kërpudhave të ftohura shtoni mishin e grirë pa dhjamë, kripë, rigon të tharë, koriandër të bluar, piper të zi të sapo bluar, mustardë Dijon, qepë të grira hollë, quinoa të gatuar të ftohur, vezë dhe bukë të freskët. Përziejini gjithçka me dorë për t'u siguruar që të gjithë përbërësit të jenë kombinuar plotësisht.

c) Masën e ndajmë në 5-6 pjesë të barabarta dhe i japim formë petët e burgerit. Mbuloni petat dhe ftohini në frigorifer derisa të forcohen.

d) Ngrohni 1 lugë gjelle vaj ulliri në një tigan që nuk ngjit dhe skuqni petat e burgerit derisa të formohet një kore e artë nga njëra anë. I ktheni me kujdes dhe gatuajeni për 3-4 minuta të tjera ose derisa mishi të arrijë nivelin e dëshiruar të gatishmërisë.

e) Lyejeni tiganin duke i shtuar uthull balsamike dhe duke e lënë të zvogëlohet. Shtoni një spërkatje ujë në tigan dhe ktheni petat e burgerit për të lyer të dyja anët me lëngjet e tiganit ngjitës.

f) Ndërsa petat janë duke u gatuar, theksoni simitet e hamburgerit.

g) Mblidhni hamburgerët tuaj duke i shtruar ato me gjethe të freskëta marule, domate të prera në feta, petë viçi, rrathë qepë të kuqe dhe në fund, një kukull bujare majonezë çipotle.

h) Mbyllni burgerin me topuzin e sipërm dhe ja ku e keni - Burgera të shëndetshëm me kërpudha dhe viçi me Chipotle Mayo gati për t'u shijuar!

18. Brisket Koreane dhe Burger Kimchi

PËRBËRËSIT:
- 500 gr gjoks viçi, i grirë
- 125 gr grimca, lëkura e hequr, e grirë
- ⅓ filxhan (80 ml) salcë soje e lehtë
- Vaj luledielli, për larje
- 6 qepë, pjesa jeshile e errët e prerë hollë, pjesa e zbehtë e përgjysmuar
- 2 speca të gjelbra, të prera për së gjati
- 6 simite hamburgeri briosh, te ndara, te lyera me vaj, te sperkatura me farat e susamit te zi
- Kewpie majonezë dhe gochujang (pastë koreane djegës), për t'u shërbyer

PËR KIMCHI TË SHPEJTË:
- ¼ filxhan (55 g) kripë
- ⅓ lakër kineze (wombok), e prerë në feta
- 4 thelpinj hudhre, te shtypura
- ¼ filxhan (55 g) sheqer pluhur
- 2 lugë salcë peshku
- 1 lugë gjelle thekon djegës të thatë

UDHËZIME:
a) Kombinoni gjoksin e grirë, specin e grirë dhe 2 lugë salcë soje. E formojmë masën në 6 peta dhe i rrafshojmë. Lyejini petat me 2 lugët e mbetura salcë soje. I ftohni për 30 minuta.

b) Në një tas, bashkoni kripën, lakrën kineze të prerë në feta dhe 2 gota (500 ml) ujë të nxehtë. Mbulojeni dhe lëreni mënjanë për 15 minuta. Shpëlajeni dhe kulloni lakrën. Përzieni qepën e errët të prerë në feta dhe përbërësit e mbetur të kimçit.

c) Nxehni një tigan me skarë në zjarr të fortë dhe lyejeni me vaj. Gatuani piperin dhe qepët e zbehta të përgjysmuara për 2-3 minuta ose derisa të zbuten. Hiqini dhe lërini mënjanë.

d) Lyejeni tiganin e skarës me pak më shumë vaj. Gatuani petat për 2 minuta nga secila anë. Ulni nxehtësinë në mesatare dhe gatuajeni edhe për 3 minuta të tjera nga secila anë ose derisa të karbonizohen dhe të gatuhen.

MBLEDHNI BURGERËT:

e) I lyejmë bazat e simiteve me majonezë. Mbi ato me piper, petë, paste djegës, qepë të freskët, kimchi dhe kapakë simite. Shërbejini brisket tuaja të shijshme koreane dhe Kimchi Burgers!

f) Shijoni shkrirjen unike të shijeve në këtë burger!

19. BBQ Havarti Cheeseburgers

PËRBËRËSIT:
- 1 kile mish viçi të bluar
- ½ lugë çaji kripë
- ½ lugë çaji piper
- 3 lugë salcë BBQ
- 1 luge vaj ulliri
- 1 lugë gjelle gjalpë
- 8 ons djathë Havarti, i prerë në feta
- 4 deri në 6 simite briosh ose fara susami, në varësi të preferencës suaj të madhësisë
- Zarzavate pranverore për servirje

UDHËZIME:
a) Vendoseni mishin e grirë në një tas dhe e rregulloni me kripë dhe piper. Shtoni salcën BBQ dhe përzieni butësisht gjithçka me duart tuaja për ta kombinuar. Formoni përzierjen në 4 deri në 6 peta, në varësi të madhësisë së hamburgerit dhe madhësisë së simiteve që preferoni.

b) Ngrohni një tigan të madh (ose skarën tuaj, nëse preferoni) mbi nxehtësinë mesatare. Shtoni vajin e ullirit dhe gjalpin në tigan.

c) Gatuani petat e burgerit derisa të skuqen nga të dyja anët dhe të arrijnë nivelin e dëshiruar të gatishmërisë. Në mënyrë tipike, duhen rreth 3 deri në 4 minuta për çdo anë për mirë, por koha e gatimit mund të ndryshojë në bazë të trashësisë së hamburgerëve tuaj.

d) Një ose dy minuta para se të mbarojnë hamburgerët, vendosni feta djathi Havarti sipër çdo pete dhe mbulojeni tiganin me një kapak për të lejuar që djathi të shkrihet.

e) Për të mbledhur burgerët, filloni duke përhapur një kukull me salcë BBQ në gjysmën e poshtme të çdo simite. Më pas, shtrojini disa zarzavate pranverore. Vendoseni petën e gatuar mbi zarzavate, spërkatni me më shumë salcë BBQ dhe përfundoni me gjysmën e sipërme të simite.

f) Shërbejini hamburgerët tuaj BBQ Havarti me një pjesë bujare të patate të skuqura. Kënaquni!

20. Burger me salcë Teriyaki

PËRBËRËSIT:

Salca TERIAKI:
- 3 lugë salcë soje
- 2 lugë gjelle mirin
- 2 lugë gjelle sake
- 2 luge sheqer

BURGER:
- 1½ paund mish viçi i bluar (80 për qind i ligët)
- 1 lugë gjelle vaj kanola
- 4 simite hamburgeri, të ndarë

Mbushjet:
- ½ filxhan majonezë
- 2 thelpinj hudhre, te grira
- Djathë Roquefort ose Brie
- Kastravecat japoneze
- 2 qepë, vetëm pjesët jeshile, të prera në rripa

UDHËZIME:

a) Në një tenxhere të vogël bashkoni përbërësit për salcën teriyaki. Lëreni të vlojë mbi nxehtësinë mesatare dhe më pas zvogëloni zierjen. Gatuani derisa salca të trashet dhe të mbulojë pjesën e pasme të një luge, e cila duhet të zgjasë rreth 10-15 minuta. Kini kujdes që të mos e zvogëloni shumë, pasi mund të bëhet shumë i trashë.

b) Në një tas mesatar, përzieni mishin e grirë. E ndajmë në 4 pjesë të barabarta (bëjini pak më të mëdha se simitet pasi do të tkurren gjatë zierjes). Shtypni butësisht gishtin e madh në qendër të çdo pete për të parandaluar fryrjen e tyre gjatë gatimit. Lyejmë të dyja anët e petat me vaj kanola dhe i rregullojmë me kripë dhe piper.

c) Ngrohni paraprakisht një skarë ose tigan prej gize mbi nxehtësi të lartë.

d) Pasi sipërfaqja juaj e gatimit të jetë e nxehtë, shtoni petat e burgerit. Gatuani për 3 minuta nga ana e parë, më pas rrokullisni dhe gatuajeni për 4 minuta të tjera nga ana tjetër. Gjatë minutës së fundit të gatimit, vendosni djathin Roquefort ose Brie sipër çdo pete dhe mbulojini me një kapak me kube. Kjo do të rezultojë në hamburgerë mesatarisht të rrallë (koha totale e gatimit është 7 minuta për mesatare të rrallë). Transferoni hamburgerët në një pjatë dhe mbyllini lehtë me fletë metalike.
e) Pasi të keni gatuar hamburgerët, vendosini simitet e ndara në skarë ose tigan dhe skuqini ato për 30 sekonda.
f) Në një tas të vogël, bashkoni majonezën dhe hudhrën e grirë.
g) Përhapeni brendësinë e simiteve të thekura me përzierjen e hudhrës dhe majonezës. Vendosni petat e hamburgerit në simitet e poshtme, spërkatni me afërsisht 1 lugë gjelle salcë teriyaki për petë dhe sipër me djathë Roquefort (ose Brie), tranguj japonezë, shirita qepë dhe në fund, simite sipër.
h) Shërbejini menjëherë Burgerët tuaj Teriyaki dhe shijoni!

21. Cheeseburgers verë të kuqe

PËRBËRËSIT:
PËR REDUKTIMIN E VERËS SË KUQE:
- 2 gota vere te kuqe
- 2 luge sheqer të paketuar kafe të hapur

PËR QEPËT E KARAMELIZUARA:
- 1 qepë e verdhë e madhe, e prerë në feta hollë
- $\frac{1}{4}$ filxhan reduktim të verës së kuqe (nga lart)

PËR BURGERËT:
- 1 vezë e madhe
- ⅓ filxhan bukë me erëza italiane
- 1 kile mish viçi të bluar
- Kripë dhe piper për shije

PËR MBULJE:
- 6 feta djathë provolone
- 6 simite hamburgeri

UDHËZIME:
a) Në një tenxhere mbi nxehtësinë mesatare-të lartë, bashkoni sheqerin kaf dhe verën e kuqe, duke i trazuar derisa sheqeri të tretet. Lëreni të vlojë, më pas ulni zjarrin dhe ziejini për rreth 20-25 minuta, ose derisa vera të zvogëlohet në rreth 1 filxhan. Lëreni të ftohet në temperaturën e dhomës.

b) Ndërsa vera po pakësohet, karamelizoni qepët në një tigan të mesëm. Shtoni $\frac{1}{4}$ filxhan reduktim të verës së kuqe në qepë dhe skuqini për 2-3 minuta shtesë për të kombinuar shijet.

c) Në një tas të madh, bashkoni lirshëm mishin e grirë, vezën, thërrimet e bukës, kripën dhe piperin. Shtoni ⅓ filxhan verë të kuqe të reduktuar në temperaturën e dhomës dhe përzieni tërësisht me mishin e viçit, duke pasur kujdes që të mos përzihet shumë.

d) Ngrohni grilin në nxehtësi mesatare-të lartë dhe formoni 6 peta burger me përzierjen e mishit të grirë. Vendosini petat në skarë dhe gatuajini në nivelin e dëshiruar të gatishmërisë, që zakonisht është rreth 4-6 minuta për çdo anë. Mbi çdo petë hidhni një fetë djathë provolone dhe gatuajeni edhe 1 minutë shtesë për të shkrirë djathin.
e) Mblidhni hamburgerët duke i grumbulluar në gjysmat e poshtme të tufave të hamburgerit.
f) Hidhni sipër qepët e karamelizuara dhe spërkatini me reduktimin e mbetur të verës së kuqe.
g) Përfundojeni duke shtuar shtesat tuaja të preferuara të hamburgerit, vendosni topuzin e sipërm dhe shërbejeni menjëherë. Shijoni djathërat tuaj të verës së kuqe!

22. viçi, rikota dhe spinaqi

PËRBËRËSIT:
- 1 kile mish viçi të bluar
- 1 filxhan djathë rikota
- ½ filxhan spinaq të grirë
- ½ lugë çaji pluhur hudhër
- Kripë dhe piper
- Simite Burger dhe toppings sipas zgjedhjes suaj

UDHËZIME:
a) Ngrohni grilën ose tiganin tuaj të skarës në nxehtësi mesatare-të lartë.
b) Në një tas, kombinoni mishin e grirë, djathin ricotta, spinaqin e grirë, hudhrën pluhur, kripën dhe piperin.
c) Përziejini mirë dhe formoni 4 peta me përmasa të barabarta.
d) Grijini burgerët për 4-5 minuta nga secila anë, ose derisa të gatuhen sipas dëshirës tuaj.
e) Bëj të thekur simite burger në skarë.
f) Mblidhni burgerët me mbushjet e dëshiruara.
g) Shërbejeni dhe shijoni.

23. Hash Brown dhe Chuck Burger

PËRBËRËSIT:
- 6 ons mish viçi i pastër i grirë
- 4 kokrra proshutë, të gatuara derisa të bëhen krokante
- Kripë për shije
- Yndyra shtazore
- 2 simite burger
- 2 feta djathë amerikan
- 2 vezë të mesme, të skuqura
- 2 hash brown, të gatuara dhe të mbajtura të ngrohta

UDHËZIME:
a) Formoni viçin në peta të holla, të njëtrajtshme. Sezoni me kripë.

b) Lyejeni rekurën me yndyrë shtazore dhe sipër vendosni petat.

c) Piqeni në skarë për rreth 4 minuta nga çdo anë.

d) Hiqni burgerët nga grili dhe vendosini secilin në një simite.

e) Hidhni sipër një fetë djathë, proshutë, vezë të skuqura dhe hash brown.

24. Burger Black Angus me djathë çedër

PËRBËRËSIT:
- 2 kilogramë viçi i grirë Angus
- 3 Speca poblano të pjekur në skarë, me fara dhe; prerë në të tretat
- 6 feta Djathë çedër i verdhë
- 6 Rrotulla hamburgeri
- Sallatë dushku e kuqe bebe
- Qepë të kuqe turshi
- Vinaigrette me piper Poblano
- Kripë dhe piper i zi i sapo bluar

UDHËZIME:
a) Përgatitni një zjarr me dru ose qymyr dhe lëreni të digjet deri në prush.

b) Në një tas të madh përzierjeje rregulloni viçin Angus me kripë dhe piper. Lëreni në frigorifer derisa të jeni gati për përdorim. Kur të jetë gati për t'u përdorur, formoni disqe 1 inç të trashë.

c) Piqeni në skarë për pesë minuta nga secila anë për të rralla mesatare. Gjatë pesë minutave të fundit, spërkatni me djathë çedër.

d) Kur të mbaroni pjekjen në skarë, vendosni burgerin në gjysmën e rolesë dhe sipër me lis të kuq, speca poblano, vinegrette dhe qepë të kuqe turshi.

e) Shërbejeni menjëherë.

25. Wagyu Burger

PËRBËRËSIT:
- 1 kile hamburger viçi Wagyu Mish viçi wagyu amerikan
- marule (opsionale)
- Domate (opsionale)
- Qepë (opsionale)
- ketchup (opsionale)
- Mustardë (opsionale)

UDHËZIME:
a) Ndani hamburgerin në 2 deri në 4 peta për burger Wagyu.
b) Nxehni tiganin ose grijini në nxehtësi mesatare-të lartë.
c) Vendosni çdo burger wagyu në tigan. Sezoni me një spërkatje me kripë.
d) Mos i lëvizni ose mos i rrotulloni burgerët derisa pjesa e poshtme të formojë një kore kafe të karamelizuar.
e) Gatuani në temperaturën e dëshiruar në anën e parë.
f) Ktheni çdo burger Wagyu dhe gatuajeni në temperaturën e dëshiruar në anën e dytë.

26. Burger bifteku i zi dhe blu

PËRBËRËSIT:
- ¾ kile biftek yndyror me sy brinjë
- ¾ paund biftek sirfiletë
- 2 ons djathë blu
- 1 majë kripë dhe piper i zi i sapo bluar për shije
- 1 ½ lugë majonezë, ose për shije
- 4 simite hamburgeri, të ndarë dhe të thekur
- 2 ons qepë të kuqe turshi, ose për shije

UDHËZIME:
a) Pritini biftekët në gjysmë, më pas në shirita rreth ¼ deri në ½ inç të trashë. Vendoseni në një tas dhe mbulojeni me mbështjellës plastik. Ngrijeni derisa të jetë shumë e ftohtë dhe e fortë, por jo plotësisht e ngrirë, rreth 30 minuta deri në 1 orë. Vendoseni djathin blu gjithashtu në frigorifer në mënyrë që ta trajtoni më lehtë.

b) Prisni biftekun pjesërisht të ngrirë me një thikë të mprehtë ose thikë mishi derisa të ngjajë me mishin e bluar trashë. Thërrmoni rreth ½ filxhan djathë blu (të papaketuar) sipër; përdorni thikë për të palosur dhe copëtuar atë në mish.

c) Lagni lehtë duart me ujë dhe rrotullojeni përzierjen në 3 ose 4 peta

d) Rrafshoni në copa individuale të mbështjelljes plastike; mbylleni dhe vendoseni në frigorifer derisa të gatuani.

e) Zhbllokoni petat dhe vazhdoni t'i shtypni në hollësinë e dëshiruar. I rregullojmë të dyja anët me kripë dhe piper.

f) Nxehni një tigan të thatë prej gize në nxehtësi mesatare-të lartë derisa të nxehet shumë. Ziejini çdo petë, pa e trazuar, derisa në fund të formohet një kore, rreth 3 minuta. Kthejeni dhe vazhdoni zierjen derisa sipërfaqja të kthehet kur shtypet lehtë, rreth 3 minuta më shumë.

g) Përhapeni pak majonezë mbi secilën gjysmë simite të poshtme. Shërbejini petat në simite, sipër me qepë të kuqe turshi.

27. Chuck Steak Burger

PËRBËRËSIT:

- 700 gr biftek çak i grirë trashë
- Vaj ulliri ekstra i virgjër, për t'u larë
- 4 feta djathë të shijshëm
- ⅔ filxhan mustardë amerikane
- 4 simite qumështi, të ndara, të thekura
- 8 turshi të mëdha kopër, të prera në feta për së gjati
- ⅔ filxhan salcë domate
- 1 qepë e vogël e bardhë

UDHËZIME:

a) Spërkateni gririn, më pas ndajeni në katër pjesë të barabarta. Rrotulloni secilën në topa dhe rrafshoni në katër peta pak më të mëdha se simitet (mishi do të tkurret gjatë gatimit). Ftoheni për 30 minuta që të forcohet pak.

b) Ngrohni paraprakisht një pjatë të nxehtë për Barbecue ose tigan të madh në nxehtësi të lartë dhe lyejeni me vaj. Ziejini petat, më pas gatuajeni për 1-2 minuta nga njëra anë derisa të karbonizohen mirë, më pas kthejeni dhe vendosni feta djathi mbi secilën petë.

c) Gatuani edhe për 1 minutë të tjera ose derisa djathi të shkrihet dhe petat sapo të jenë gatuar. Për ta mbledhur, shtrini gjysmën e mustardës mbi bazat e simiteve, më pas vendosni sipër petat, turshitë e prera në feta, salcën e domates dhe mustardën e mbetur.

d) Spërkateni mbi qepë, më pas mbulojeni me kapak simite për ta shërbyer.

28. Burgere viçi me provolone dhe turshi

PËRBËRËSIT:
- 2 feta buke te bardhe
- ½ filxhan qumësht
- 500 gr mish viçi i grirë
- 1 vezë e rrahur lehtë
- 2 lugë qiqra të grira
- ½ filxhan parmixhan i grirë imët
- 4 feta djathë provolone
- 4 simite burger, të thekur lehtë
- Chutney me domate, domate të prera në feta dhe gjethe baby cos për t'u shërbyer

turshi të bukura
- ½ filxhan uthull vere të kuqe
- 2 lugë sheqer pluhur
- 1 lugë gjelle kokrra piper rozë, të mavijosur
- ½ lugë gjelle fara kopër, të grimcuara
- ½ tufë çdo karrota dhe rrepkë holandeze, të prera hollë
- 1 qepë e vogël e kuqe, e prerë në unaza 5 mm
- ½ kastravec libanez, i prerë në feta

UDHËZIME:
a) Për turshitë e bukura, vendosni uthull, sheqer, ⅓ filxhan ujë, kokrra piper, fara kopër dhe 1 lugë gjelle kripë në një tenxhere të vogël mbi nxehtësi të lartë. Lëreni të ziejë për 1 minutë, më pas ftoheni plotësisht.

b) Vendosini perimet në një enë të cekët, hidhini sipër lëngjeve që të mbulohen dhe lërini për 20 minuta.

c) Vendosni bukën dhe qumështin në një tas mesatar. Ziejini për 5 minuta. Shtrydheni butësisht bukën dhe hidhni qumështin e tepërt. Vendoseni bukën në një tas të madh me mish të grirë, vezë, qiqra dhe parmixhan. Rrëzoni dhe përzieni mirë. Ndani masën në 4 dhe formoni petë.

Vendoseni në një pjatë, mbulojeni dhe ftohuni për 30 minuta që të forcohet.

d) Ngrohni një tigan për Barbecue ose Grill mbi nxehtësinë mesatare-të lartë. Gatuani petat për 3 minuta nga secila anë ose derisa të gatuhen. Mbi secilin me djathë (nxehtësia e mbetur do ta shkrijë).

e) Mbi çdo bazë simite vendosni chutney, domate, cos, burger, turshi të kulluara dhe kapak simite.

29. Burger për mëngjes me mikrogjelbërime lakër jeshile

PËRBËRËSIT:
PATITËT
- 450 g mish viçi të ushqyer me bar
- ⅓ filxhan saldo krokante
- 1 lugë gjelle mustardë Dijon
- 3 thelpinj hudhër, të prera
- 1 vezë e kullotur
- ¼ lugë çaji kripë Himalaje ose deti të parafinuar
- ¼ lugë çaji piper i zi i sapokrisur
- ¼ lugë çaji fara anise
- ⅛ lugë çaji karafil të bluar
- 1 spec jalapeño, me fara dhe të grirë shumë imët
- ¼ filxhan majdanoz i freskët, i grirë hollë
- 2 lugë mente të freskët, të grirë hollë
- 1 lugë rozmarinë e freskët, e grirë hollë
- ½ filxhan lakër turshi të shtrydhur mjaft të thatë dhe të copëtuar përafërsisht

PËR TË GARRUR
- 1 grusht lakër jeshile të freskët
- 2 feta domate
- 3 feta avokado
- ¼ filxhan lakër turshi
- 1 vezë e kullotur, e skuqur në tigan
- 1 rrip proshutë, të gatuar dhe të prerë në 2 pjesë

UDHËZIME:
a) Filloni duke gatuar numrin e kërkuar të fetave të proshutës dhe lërini mënjanë.

b) Në një përpunues ushqimi, shtoni saldo, mustardën Dijon, hudhrën, vezën, kripën, piperin, karafilin e bluar dhe farat e anise dhe përpunoni në një pastë.

c) Shtoni atë në një tas së bashku me mishin e bluar të viçit, piperin jalapeño, majdanozin, nenexhikun, rozmarinë dhe lakër turshi dhe gatuajeni mirë me duar derisa të përzihen në mënyrë uniforme.
d) Formoni përzierjen e mishit në 3 ose 4 peta viçi.
e) Ngrohni paraprakisht skarën tuaj të jashtme në nivel të lartë.
f) Pasi grila juaj të jetë e bukur dhe e nxehtë, ulni zjarrin dhe vendosni petat në skarë; gatuajeni për rreth 4 minuta nga çdo anë ose derisa petat të jenë bërë sipas dëshirës tuaj.
g) Përndryshe, ju gjithashtu mund të gatuani petat e viçit në një tigan të vendosur mbi nxehtësi të moderuar, përsëri, për rreth 4 minuta nga çdo anë.
h) Ndërsa mishi është duke u gatuar, skuqni sa më shumë vezë që ju nevojiten për të dekoruar burgerët tuaj.
i) Për të mbledhur hamburgerët, filloni duke shtruar disa mikrogjelbërime lakra jeshile në fund të një pjate.
j) Vendoseni petën e viçit pikërisht mbi të, pasuar nga lakër turshi dhe disa feta domate dhe avokado.
k) Mbi të gjitha shtoni vezën e skuqur në tigan dhe, në fund, vendosni dy copa proshutë të gatuar pikërisht mbi vezën tuaj.

30. Burgers viçi Karaibe me Mango Salsa

PËRBËRËSIT:
- 1½ kile mish viçi të bluar
- 2 lugë erëza karaibe

MANGO SALSA:
- 1 mango e madhe, e qëruar, e prerë trashë
- 1 lugë gjelle cilantro e freskët e copëtuar
- 1 lugë qepë jeshile e grirë
- 1 lugë gjelle piper jalapeño me fara të grira imët
- 1 lugë gjelle lëng limoni të freskët

UDHËZIME:
a) Kombinoni mishin e bluar dhe aromën e thartë në një tas të madh, duke i përzier lehtë, por tërësisht. Formoni në katër peta ¾ inç të trasha.

b) Vendosni petat në rrjet mbi qymyr mesatar, të mbuluar me hi.

c) Grijini, të mbuluar, për 11 deri në 15 minuta, derisa një termometër i leximit të menjëhershëm i futur horizontalisht në qendër të regjistrojë 160°F, duke u rrotulluar herë pas here. I rregullojmë me kripë sipas dëshirës.

d) Këshilla e gatimit: Kohët e gatimit janë për mish viçi të freskët ose të shkrirë plotësisht. Mishi i grirë duhet të gatuhet në një temperaturë të brendshme prej 160°F.

e) Ndërkohë, bashkoni përbërësit e salsës në një tas mesatar, duke i përzier lehtë. Shërbejini burgerët me salsa.

BURGER QENGJ

31. Burger me mish qengji me feta dhe nenexhik

PËRBËRËSIT:
- 200 gr feta greke
- 1 filxhan (250 g) kos grek
- ½ tufë me gjethe nenexhiku
- 1 lugë gjelle vaj ulliri, plus shtesë për larje
- 1 domate qershi punnet, të prera në katër pjesë
- 1 lugë gjelle uthull vere të kuqe
- 1 lugë gjelle uthull vere të kuqe (po, e përsëritur)
- 1 lugë çaji sheqer
- 4 simite me kore (mundësisht brumë i thartë), të përgjysmuar
- 2 kastraveca libaneze, të prera në shirita të gjatë duke përdorur një qërues
- ¼ tufë gjethe borziloku

PATTIES:
- 500 gr mish qengji i grirë
- 1 thelpi hudhër e madhe
- ½ qepë e kuqe, e grirë hollë
- ¼ tufë majdanoz me gjethe të sheshta, i grirë imët
- 1 lugë çaji të mbushur me rigon grek të tharë
- 1 vezë e rrahur lehtë
- ½ filxhan (30 g) bukë të freskët
- Kripë dhe piper i zi i sapo bluar

UDHËZIME:
PËRGATITNI VESHEN:
a) Në një procesor ushqimi, përzieni fetën, kosin grek dhe nenexhikun derisa të jenë të lëmuara. E vendosim salcën në frigorifer që të trashet. Ju mund ta bëni këtë para kohe.

BËNI PATITË:

b) Në një tas të madh, kombinoni të gjithë përbërësit e petës dhe formoni masën në katër peta me madhësi të barabartë.
c) Ngrohni vajin e ullirit në një tigan mbi nxehtësinë mesatare. Pasi të nxehen, skuqini petat për 4-5 minuta nga secila anë derisa të jenë zier.
d) Përndryshe, mund t'i skuqni shpejt dhe të përfundoni gatimin e tyre në një furrë të parangrohur 190°C për 10 minuta.
e) Hedhim domatet qershi të grira në një tas me uthullën e verës së kuqe dhe sheqerin. Lërini të qëndrojnë për 10 minuta, më pas kullojeni uthullën e tepërt.
f) Lyejeni çdo gjysmë simite me vaj ulliri dhe skuqini lehtë në furrë ose nën skarë.

MBLEDHNI BURGERËT:

g) Vendosni shirita kastraveci dhe disa gjethe borziloku në gjysmën e poshtme të simiteve të thekura.
h) Sipër i hidhni një petë qengji, dressing feta dhe një lugë domate të përgatitura. Përfundoni me topuzin e sipërm dhe shtypni butësisht poshtë për të lejuar që lëngjet e hamburgerit, salca dhe domatet të përzihen me borzilokun.
i) Shijoni Burgerët tuaj të këndshëm të qengjit me salcë feta, nenexhik dhe jogurt!

32. Burgera me mish qengji maroken dhe harissa

PËRBËRËSIT:
- 500 gr mish qengji i grirë
- 2 lugë pastë harissa
- 1 lugë fara qimnoni
- 2 tufa me karota të trashëgimisë
- ½ tufë nenexhik, gjethe të zgjedhura
- 1 lugë gjelle uthull vere të kuqe
- 80 gr djathë Leicester i kuq, i grirë trashë
- 4 simite brioshe me fara, te ndara
- ⅓ filxhan (65 g) gjizë

UDHËZIME:
a) Vishni një tepsi me letër pjekjeje. Vendoseni mishin e grirë në një tas dhe e rregulloni me bollëk. Shtoni 1 lugë gjelle harissa dhe me duar të pastra përzieni mirë.

b) Formoni përzierjen e qengjit në 4 peta dhe spërkatni me farat e qimnonit. Vendosini në tepsi të përgatitur, mbulojeni dhe ftohni derisa të jetë e nevojshme (përpara se t'i gatuani, sillni petat në temperaturën e dhomës).

c) Ndërkohë, në një tas bashkojmë karrotën, nenexhikun dhe uthullën dhe i lëmë mënjanë të turshitë pak.

d) Ngrohni një tigan për skarë ose grill në nxehtësi mesatare-të lartë. Piqni petat në skarë për 4-5 minuta nga secila anë ose derisa të formohet një kore e mirë. Spërkateni me djathë, më pas mbulojeni (përdorni një fletë metalike nëse përdorni një tigan me skarë) dhe gatuajeni, pa e kthyer, për 3 minuta të tjera ose derisa djathi të shkrihet dhe petat të jenë gatuar.

e) Grijini tufat me briosh, me anën e prerë poshtë, për 30 sekonda ose derisa të skuqen lehtë. Ndani gjizën midis bazave të simiteve, më pas shtoni përzierjen e karotave turshi.

f) Shtoni petat dhe 1 lugë gjelle të mbetur harissa. Vendosni kapakët, duke i shtrydhur në mënyrë që harissa të rrjedhë nga anët dhe të ngecë brenda.

33. Burger me mish qengji me mocarela dhe kastravec

PËRBËRËSIT:
- 1 kg mish qengji pa dhjamë
- ¾ filxhan (50 g) bukë të freskët
- 1 vezë e rrahur lehtë
- 2 lugë mustardë Dijon
- 2 lugë çaji mente të thatë
- 1 kastravec libanez, i prerë
- 1 tufë gjethe menteje, të prera përafërsisht
- Lëng nga 1 lime
- 2 lugë kaperi të kripur, të shpëlarë dhe të kulluar
- 1 lugë çaji sheqer pluhur
- ¼ filxhan (60 ml) vaj ulliri ekstra i virgjër
- Aioli* me cilësi të mirë për servirje
- 6 role buke me brumë kosi, të ndara dhe të thekura
- 125 g mocarela buall*, e grisur

UDHËZIME:
a) Ngrohni furrën tuaj në 180°C (356°F) dhe shtroni një tepsi me fletë metalike.
b) Në një tas, kombinoni mishin e grirë të qengjit pa dhjamë, thërrimet e freskëta të bukës, vezën e rrahur lehtë, mustardën Dijon dhe nenexhikun e tharë. E rregullojmë masën me kripë dhe piper dhe e përziejmë mirë. E formojmë masën në 6 peta dhe i mbulojmë. Ftohni petat në frigorifer për 10 minuta.
c) Në një tas të veçantë, hidhni së bashku kastravecin libanez të copëtuar, gjethet e mentes të grira përafërsisht, lëngun e limonit, kaperin e kripur të shpëlarë dhe të kulluar, sheqerin e pluhur dhe 1 lugë gjelle vaj ulliri ekstra të virgjër. Lëreni mënjanë këtë sallatë me kastravec.

d) Në një tigan të madh, ngrohni 2 lugët e mbetura me vaj ulliri ekstra të virgjër në nxehtësi mesatare-të lartë. Gatuani petat në tufa, afërsisht 3-4 minuta për anë, derisa të marrin ngjyrë kafe. Pasi të skuqen, kalojini petat në tepsi të veshur me fletë metalike dhe piqini për 15-20 minuta ose derisa sapo të jenë gatuar.

MBLEDHNI BURGERËT:

e) Për t'i shërbyer, shtroni aioli mbi bazën e secilës rul buke të pjekur me brumë kosi.

f) Hidhni sipër një petë qengji, mocarela me buall të grisur dhe sallatë me kastravec. Spërkateni me kripë dhe piper dhe vendosni majat e roleve.

g) Shijoni Burgerët tuaj të shijshëm të Qengjit me Mocarela Buffalo dhe Sallatë me Kastravec!

34. Burger me qengj mesdhetar

PËRBËRËSIT:

- 1 kile qengji i bluar
- ¼ filxhan qepë të kuqe të grirë hollë
- 2 thelpinj hudhre, te grira
- 1 lugë majdanoz i freskët i grirë
- 1 lugë gjelle mente të freskët të copëtuar
- 1 lugë çaji qimnon i bluar
- Kripë dhe piper për shije
- 4 simite burger
- Salcë Tzatziki, marule dhe domate për sipër

UDHËZIME:

a) Në një tas bashkojmë mishin e grirë, qepën e kuqe, hudhrën, majdanozin, nenexhikun, qimnonin, kripën dhe piperin.
b) Përziejini mirë derisa të gjithë përbërësit të përfshihen në mënyrë të barabartë.
c) Përzierjen e ndajmë në katër pjesë të barabarta dhe i japim formë pete.
d) Ngrohni paraprakisht një tigan me skarë ose sobë mbi nxehtësinë mesatare-të lartë.
e) Gatuani petat e qengjit për rreth 4-5 minuta nga çdo anë, ose derisa të arrijnë nivelin e dëshiruar të gatishmërisë.
f) Skuqni kokrrat e burgerit lehtë në skarë ose në një dolli.
g) Përhapni salcën tzatziki në gjysmën e poshtme të çdo simite.
h) Sipër vendosni një petë qengji, pasuar nga marule dhe domate.
i) Mbulojeni me gjysmën e sipërme të simite dhe shërbejeni.

35. Burger pikant Harisa Lamb

PËRBËRËSIT:
- 1 kile qengji i bluar
- 2 lugë pastë harissa
- 2 thelpinj hudhre, te grira
- 1 lugë çaji qimnon i bluar
- ½ lugë çaji koriandër të bluar
- Kripë dhe piper për shije
- 4 simite burger
- Qepë të kuqe dhe rukola të prera në feta për sipër

UDHËZIME:
a) Në një tas, kombinoni mishin e grirë të qengjit, pastën harissa, hudhrën, qimnonin, koriandrin, kripën dhe piperin.
b) Përziejini mirë derisa të gjithë përbërësit të përfshihen në mënyrë të barabartë.
c) Përzierjen e ndajmë në katër pjesë të barabarta dhe i japim formë pete.
d) Ngrohni paraprakisht një tigan me skarë ose sobë mbi nxehtësinë mesatare-të lartë.
e) Gatuani petat e qengjit për rreth 4-5 minuta nga çdo anë, ose derisa të arrijnë nivelin e dëshiruar të gatishmërisë.
f) Skuqni kokrrat e burgerit lehtë në skarë ose në një dolli.
g) Vendosni një petë qengji në gjysmën e poshtme të çdo simite.
h) Sipër i hidhni qepë të kuqe dhe rukola të prera në feta.
i) Mbulojeni me gjysmën e sipërme të simite dhe shërbejeni.

36. Burger grek i gengjit

PËRBËRËSIT:

- 1 kile qengji i bluar
- ¼ filxhan djathë feta të thërrmuar
- ¼ filxhan ullinj Kalamata të copëtuara
- 2 thelpinj hudhre, te grira
- 1 lugë çaji rigon të tharë
- Kripë dhe piper për shije
- 4 simite burger
- Salcë Tzatziki, marule dhe domate për sipër

UDHËZIME:

a) Në një enë bashkojmë mishin e grirë, djathin feta, ullinjtë kalamata, hudhrën, rigonin, kripën dhe piperin.
b) Përziejini mirë derisa të gjithë përbërësit të përfshihen në mënyrë të barabartë.
c) Përzierjen e ndajmë në katër pjesë të barabarta dhe i japim formë pete.
d) Ngrohni paraprakisht një tigan me skarë ose sobë mbi nxehtësinë mesatare-të lartë.
e) Gatuani petat e qengjit për rreth 4-5 minuta nga çdo anë, ose derisa të arrijnë nivelin e dëshiruar të gatishmërisë.
f) Skuqni kokrrat e burgerit lehtë në skarë ose në një dolli.
g) Përhapni salcën tzatziki në gjysmën e poshtme të çdo simite.
h) Sipër vendosni një petë qengji, pasuar nga marule dhe domate.
i) Mbulojeni me gjysmën e sipërme të simite dhe shërbejeni.

37. Burger me qengj të Lindjes së Mesme

PËRBËRËSIT:

- 1 kile mish qengji i bluar
- ¼ filxhan qepë të kuqe të grirë hollë
- 2 thelpinj hudhre, te grira
- 1 lugë qimnon i bluar
- 1 lugë gjelle koriandër të bluar
- 1 lugë çaji shafran i Indisë i bluar
- Kripë dhe piper për shije
- 4 simite burger
- Humus, domate të prera në feta dhe rrepë turshi për sipër

UDHËZIME:

a) Në një tas, bashkoni mishin e grirë, qepën e kuqe, hudhrën, qimnonin, korianderin, shafranin e Indisë, kripën dhe piperin.
b) Përziejini mirë derisa të gjithë përbërësit të përfshihen në mënyrë të barabartë.
c) Përzierjen e ndajmë në katër pjesë të barabarta dhe i japim formë pete.
d) Ngrohni paraprakisht një tigan me skarë ose sobë mbi nxehtësinë mesatare-të lartë.
e) Gatuani petat e qengjit për rreth 4-5 minuta nga çdo anë, ose derisa të arrijnë nivelin e dëshiruar të gatishmërisë.
f) Skuqni kokrrat e burgerit lehtë në skarë ose në një dolli.
g) Përhapni humus në gjysmën e poshtme të çdo simite.
h) Vendosni sipër një petë qengji, e ndjekur nga domate të prera në feta dhe rrepë turshi.
i) Mbulojeni me gjysmën e sipërme të simite dhe shërbejeni.

38. Burger Barishte Qengji

PËRBËRËSIT:

- 1 kile qengji i bluar
- 2 lugë rozmarinë të freskët të copëtuar
- 2 lugë trumzë të freskët të copëtuar
- 2 thelpinj hudhre, te grira
- 1 lugë çaji lëvore limoni
- Kripë dhe piper për shije
- 4 simite burger
- Djathë dhie, qepë të karamelizuara dhe rukola për sipër

UDHËZIME:

a) Në një tas bashkojmë mishin e grirë të qengji, rozmarinën, trumzën, hudhrën, lëkurën e limonit, kripën dhe piperin.
b) Përziejini mirë derisa të gjithë përbërësit të përfshihen në mënyrë të barabartë.
c) Përzierjen e ndajmë në katër pjesë të barabarta dhe i japim formë pete.
d) Ngrohni paraprakisht një tigan me skarë ose sobë mbi nxehtësinë mesatare-të lartë.
e) Gatuani petat e qengjit për rreth 4-5 minuta nga çdo anë, ose derisa të arrijnë nivelin e dëshiruar të gatishmërisë.
f) Skuqni kokrrat e burgerit lehtë në skarë ose në një dolli.
g) Përhapeni djathë dhie në gjysmën e poshtme të çdo simite.
h) Sipër vendosni një petë qengji, e më pas qepët e karamelizuara dhe rukola.
i) Mbulojeni me gjysmën e sipërme të simite dhe shërbejeni.

39. Burger indian me qengj me erëza

PËRBËRËSIT:

- 1 kile qengji i bluar
- ¼ filxhan qepë të kuqe të grirë hollë
- 2 thelpinj hudhre, te grira
- 1 lugë gjelle pluhur kerri
- 1 lugë çaji qimnon i bluar
- 1 lugë çaji koriandër të bluar
- Kripë dhe piper për shije
- 4 simite burger
- Chutney mango, kastravec në feta dhe marule për sipër

UDHËZIME:

a) Në një tas, kombinoni mishin e grirë, qepën e kuqe, hudhrën, pluhurin e kerit, qimnonin, koriandrin, kripën dhe piperin.
b) Përziejini mirë derisa të gjithë përbërësit të përfshihen në mënyrë të barabartë.
c) Përzierjen e ndajmë në katër pjesë të barabarta dhe i japim formë pete.
d) Ngrohni paraprakisht një tigan me skarë ose sobë mbi nxehtësinë mesatare-të lartë.
e) Gatuani petat e qengjit për rreth 4-5 minuta nga çdo anë, ose derisa të arrijnë nivelin e dëshiruar të gatishmërisë.
f) Skuqni kokrrat e burgerit lehtë në skarë ose në një dolli.
g) Përhapeni chutney mango në gjysmën e poshtme të çdo simite.
h) Vendosni sipër një petë qengji, e ndjekur nga kastraveci dhe marule të prera në feta.
i) Mbulojeni me gjysmën e sipërme të simite dhe shërbejeni.

40. Burger qengji me frymëzim italian

PËRBËRËSIT:
- 1 kile qengji i bluar
- ¼ filxhan qepë të kuqe të grirë hollë
- 2 thelpinj hudhre, te grira
- ¼ filxhan djathë parmixhano të grirë
- 2 lugë borzilok të freskët të grirë
- 2 lugë majdanoz të freskët të grirë
- Kripë dhe piper për shije
- 4 simite burger
- Salcë marinara, djathë mocarela dhe gjethe borziloku të freskët për sipër

UDHËZIME:
a) Në një enë bashkojmë mishin e grirë, qepën e kuqe, hudhrën, djathin parmixhano, borzilokun, majdanozin, kripën dhe piperin.
b) Përziejini mirë derisa të gjithë përbërësit të përfshihen në mënyrë të barabartë.
c) Përzierjen e ndajmë në katër pjesë të barabarta dhe i japim formë pete.
d) Ngrohni paraprakisht një tigan me skarë ose sobë mbi nxehtësinë mesatare-të lartë.
e) Gatuani petat e qengjit për rreth 4-5 minuta nga çdo anë, ose derisa të arrijnë nivelin e dëshiruar të gatishmërisë.
f) Skuqni kokrrat e burgerit lehtë në skarë ose në një dolli.
g) Përhapni salcën marinara në gjysmën e poshtme të çdo simite.
h) Sipër vendosni një petë qengji, e ndjekur nga djathi mocarela dhe gjethet e borzilokut të freskët.
i) Mbulojeni me gjysmën e sipërme të simite dhe shërbejeni.

41. Burger qengji i frymëzuar nga Azia

PËRBËRËSIT:

- 1 kile qengji i bluar
- ¼ filxhan qepë jeshile të grirë imët
- 2 thelpinj hudhre, te grira
- 2 lugë salcë soje
- 1 lugë gjelle vaj susami
- 1 lugë çaji xhenxhefil të freskët të grirë
- Kripë dhe piper për shije
- 4 simite burger
- Mayo Sriracha, kastravec i prerë në feta dhe cilantro për sipër

UDHËZIME:

a) Në një tas bashkojmë mishin e grirë të qengjit, qepën e gjelbër, hudhrën, salcën e sojës, vajin e susamit, xhenxhefilin e grirë, kripën dhe piperin.

b) Përziejini mirë derisa të gjithë përbërësit të përfshihen në mënyrë të barabartë.

c) Përzierjen e ndajmë në katër pjesë të barabarta dhe i japim formë pete.

d) Ngrohni paraprakisht një tigan me skarë ose sobë mbi nxehtësinë mesatare-të lartë.

e) Gatuani petat e qengjit për rreth 4-5 minuta nga çdo anë, ose derisa të arrijnë nivelin e dëshiruar të gatishmërisë.

f) Skuqni kokrrat e burgerit lehtë në skarë ose në një dolli.

g) Përhapeni majonezë sriracha në gjysmën e poshtme të çdo simite.

h) Vendosni sipër një petë qengji, pasuar nga kastravec të prerë dhe cilantro.

i) Mbulojeni me gjysmën e sipërme të simite dhe shërbejeni.

BURGER ME DERRI

42. Chorizo'Burgers

PËRBËRËSIT:

- 150 g chorizo të freskët, zorrë e hequr, e thërrmuar
- 500 g mish viçi pa dhjamë
- 2 lugë çaji paprika e ëmbël e tymosur (pimenton)
- 2 lugë gjelle gjethe majdanozi të grira me gjethe yndyre
- 2 lugë vaj ulliri
- 1 qepë e grirë hollë
- 2 domate, të grira hollë
- $\frac{1}{4}$ filxhan me domate Ardmona pure
- 4 feta jamon ose proshuto
- 4 feta djathë të shijshëm
- 4 simite briosh ose burger, të ndarë, të thekur
- Gjethet e raketës, për servirje

UDHËZIME:

a) Në një përpunues ushqimi, kombinoni chorizo-n e thërrmuar, mishin e grirë të viçit pa dhjamë, 1 lugë çaji paprika të ëmbël të tymosur dhe 1 lugë gjelle majdanoz të grirë. Pulsi për t'u kombinuar. E rregullojmë përzierjen me kripë dhe piper.

b) Formoni përzierjen në 4 peta. Mbulojeni dhe vendoseni në frigorifer për 30 minuta që të forcohet.

c) Nxehni 1 lugë gjelle vaj ulliri në një tigan mbi nxehtësinë mesatare. Gatuani qepën e grirë hollë për 1-2 minuta derisa të zbutet. Shtoni domatet e grira hollë, domatet me pure Ardmona dhe 1 lugë çaji të mbetur paprika të tymosur të ëmbël. Gatuani edhe për 3-4 minuta të tjera, duke e përzier herë pas here, derisa masa të trashet. Përzieni 1 lugë gjelle të mbetur majdanoz të grirë. I rregullojmë me kripë dhe piper.

d) Ngrohni paraprakisht një tigan me skarë në temperaturë mesatare. Gatuani reçelin ose proshuton nga të dyja anët derisa të bëhen të freskëta. Hiqeni dhe mbajeni të ngrohtë.

e) Lyejeni petat e burgerit me 1 lugë gjelle vaj ulliri të mbetur. I gatuajmë duke i kthyer, për afërsisht 6 minuta ose derisa të jenë gatuar. Vendosni një fetë djathë të shijshëm mbi çdo petë dhe gatuajeni për 1 minutë shtesë ose derisa djathi të shkrihet.

MBLEDHNI BURGERËT:

f) Për ta servirur, ndani gjysmën e shijes së domates në gjysmën e poshtme të simiteve briosh ose burger. Mbi secilin me gjethe rakete, një petë burger, më shumë shije, jamon ose proshuto dhe gjysmat e sipërme të simiteve.

g) Shijoni Chorizo Burgers tuaj me shije!

43. Burger derri dhe viçi me Aioli

PËRBËRËSIT:
PËR patate të ëmbla të pjekura në furrë:
- 800 g patate të ëmbla (me lëkurë), të prera në copa të holla
- ¼ filxhan vaj ulliri
- Kripë dhe piper, për shije
- Për petët e derrit dhe viçit herby:
- 800 gr mish viçi dhe mish derri i perzier
- 1 vezë e rrahur lehtë
- ¾ filxhan (55 g) bukë të thata
- ½ tufë qiqra, të grira hollë
- 1 filxhan gjethe majdanozi me gjethe të sheshta, të copëtuara
- ½ lugë gjelle gjethe tarragon të copëtuara
- 2 lugë gjelle Tabasko jeshile (ose salcë tjetër djegës)
- 1½ lugë vaj krunde orizi
- 4 feta djathë provolone

PËR kungull i njomë i pjekur në skarë:
- 2 kunguj të njomë, të prera hollë horizontalisht (duke përdorur një mandolinë)

PËR MONTIMIN E BURGERIT:
- 4 simite hamburgeri briosh, te pergjysmuar dhe te thekur
- 1 marule gjalpë, gjethet të ndara

PËR AVOKADON AIOLI:
- ½ filxhan (125 ml) aioli hudhër
- 1 avokado, e prerë
- ½ tufë qiqra, të grira hollë
- ½ filxhan gjethe majdanozi me gjethe të sheshta, të copëtuara
- 1 lugë çaji gjethe tarragon, të prera
- 2 lugë gjelle Tabasko jeshile (ose salcë tjetër djegës)

- Lëng nga ½ limoni

UDHËZIME:
patate të ëmbla të pjekura në furrë:
a) Ngroheni furrën në 200°C. Përhapeni copat e patateve në 2 tabaka furre të veshura me letër pjekjeje, spërkatini me vaj ulliri, kriposini mirë me piper dhe hidhini të lyhen.
b) Piqini copat e patates së ëmbël, duke i kthyer përgjysmë, për 40 minuta ose derisa të zbuten dhe të jenë të freskëta nga jashtë. Mbulojeni lehtë me fletë metalike dhe kthejeni në furrë për 5 minuta përpara se ta shërbeni.

BIKE ME MISH DORRI DHE VICI:
c) Kombinoni mishin e viçit dhe derrit të grirë, vezën, thërrimet e bukës, barishtet dhe Tabaskon në një tas. I rregullojmë mirë dhe i japim 4 peta të mëdha. Lëreni në frigorifer për 15 minuta që të forcohet.
d) Ngrohni një tigan për Barbecue ose Grill në lartësi mesatare. Lyejini petat me furçë të lehtë me 1 lugë gjelle vaj dhe ziejini për 4-5 minuta nga secila anë derisa të gatuhen.
e) Mbi secilin me një fetë djathë provolone dhe lëreni nxehtësinë e mbetur ta shkrijë. Lëreni të pushojë për 2 minuta, të mbuluar lirshëm me folie.

Kungull i njomë i pjekur në skarë:
f) Vendosni fetat e kungujve të njomë në një tabaka, lyeni me furçë nga të dyja anët me vajin e mbetur dhe piqini në skarë, duke i kthyer një herë, për 2 minuta ose derisa të karbonizohen dhe të zbuten.

AVOKADO AIOLI:

g) Në një blender, kombinoni aioli hudhër, avokadon e copëtuar, qiqrat, gjethet e majdanozit, gjethet e tarragonit, tabaskon jeshil dhe lëngun e limonit. Përziejini derisa të jenë të lëmuara dhe aromatizoni sipas shijes.

KUVENDI I BURGERIT:

h) Përhapeni anët e prera të simiteve me 1 lugë gjelle avokado aioli.

i) Mbi çdo bazë simite hidhni marule, një petë me mish derri dhe viçi, më shumë marule, kunguj të njomë të pjekur në skarë dhe kapak simite.

j) Shërbejeni me patatina të ëmbla të pjekura në furrë dhe aioli shtesë të avokados.

k) Shijoni hamburgerët tuaj të derrit dhe viçit Herby me Avokado Aioli!

44. Kahlua tërhoqi rrëshqitës të derrit

PËRBËRËSIT:
PËR MISHIN E DERRIT TË SHKULLAR:
- 3 paund supe derri ose prapanicë derri
- 1 qepë, e prerë hollë
- 4 thelpinj hudhre, te grira
- 1 filxhan Kahlua
- ½ filxhan salcë Barbecue
- ¼ filxhan uthull molle
- 2 lugë sheqer kaf
- 1 lugë gjelle mustardë Dijon
- 1 lugë gjelle paprika e tymosur
- 1 lugë çaji kripë
- ½ lugë çaji piper i zi
- Slider buns ose mini simite burger

PËR COLESLAW:
- 2 gota lakër të grirë (jeshile ose vjollcë, ose një përzierje)
- 1 karotë, e grirë
- ¼ filxhan majonezë
- 1 lugë gjelle uthull molle
- 1 lugë mjaltë
- Kripë dhe piper për shije

UDHËZIME:
a) Në një tenxhere të ngadaltë ose në tenxhere, vendosni qepën e prerë hollë dhe hudhrën e grirë në fund.

b) Në një tas, kombinoni Kahlua, salcën e Barbecue, uthull molle, sheqer kaf, mustardë Dijon, paprika të tymosur, kripë dhe piper të zi. I trazojmë derisa të bashkohen mirë.

c) Vendosni shpatullën e derrit ose prapanicën e derrit sipër qepëve dhe hudhrës në tenxhere të ngadaltë.

d) Derdhni përzierjen Kahlua mbi mishin e derrit, duke u kujdesur që ta lyeni në mënyrë të barabartë.
e) Mbuloni tenxheren e ngadalte dhe gatuajeni ne zjarr te ulet per 8-10 ore, ose ne zjarr te larte per 4-6 ore, derisa mishi i derrit te zbutet dhe te copet lehtesisht me pirun.
f) Ndërsa mishi i derrit është duke u gatuar, përgatisni sallat e lakërit duke kombinuar në një tas lakrën e grirë, karotën e grirë, majonezën, uthullën e mollës, mjaltin, kripën dhe piperin. Përziejini mirë derisa sallat e larës të lyhet me salcë. Lëreni në frigorifer derisa të jeni gati për përdorim.
g) Pasi mishi i derrit të jetë zier, hiqeni nga tenxherja e ngadaltë dhe grijeni duke përdorur dy pirunë.
h) Vendoseni mishin e derrit të copëtuar përsëri në tenxhere të ngadaltë dhe përzieni atë në lëngjet e mbetura të gatimit. Lëreni të qëndrojë për 10-15 minuta shtesë për të thithur shijet.
i) Për të montuar rrëshqitësit, vendosni një sasi bujare të derrit të tërhequr Kahlua në gjysmën e poshtme të një simite rrëshqitëse. Mbi të hidhet një lugë salcë lakër dhe mbulohet me gjysmën tjetër të simite.
j) Shërbejini rrëshqitësit e derrit të tërhequr Kahlua të ngrohta dhe shijoni!

45. Proshutë krokante dhe Burger me vezë

PËRBËRËSIT:
- 1 topuz
- 1 vezë
- 2 feta proshutë
- 1 lugë çaji vaj ulliri
- 1 lugë djathë Gouda, i grirë në rende
- 1 gotë ujë

UDHËZIME:
a) Ngrohni vajin në saut në Lartë dhe gatuajeni proshutën deri sa të bëhet krokante, rreth 2-3 minuta nga çdo anë. Hiqeni në një peshqir letre dhe fshijeni yndyrën e tepërt.
b) Vendosni një petë dhe derdhni ujë në tenxhere. Thërrmoni proshutën në një ramekin dhe thyeni vezën sipër.
c) E spërkasim me djathë Gouda, e mbulojmë me letër alumini dhe e vendosim ramekinin sipër thurjes. Mbyllni kapakun.
d) Gatuani për 15 minuta në temperaturë të lartë me presion. Kur të jeni gati, bëni një çlirim të shpejtë të presionit.
e) Mblidhni burgerin duke e prerë simiten në gjysmë dhe duke e vendosur masën në mes.

46. Cheeseburgers me salcë kastravec turshi

PËRBËRËSIT:

- 4 feta ekstra të trasha proshutë të tymosur
- 1 kg mish viçi i grirë 20% yndyrë
- 1 lugë gjelle vaj ulliri të butë
- 4 feta djathë Monterey Jack ose Cheddar
- 4 simite burger me fara susami
- 1-2 domate të prera në feta të trasha
- Një grusht i vogël trangujsh burgeri të prera në feta
- 2 grushta të mëdha marule ajsberg të grirë
- Kripë deti dhe piper i zi i sapo bluar
- Për salcën e burgerit
- 150 g majonezë
- 2 lugë çaji mustardë të butë amerikane Frenchy
- 1 lugë gjelle ketchup domate
- 4 lugë gjelle shije kastravec turshi
- 3 lugë çaji uthull vere të bardhë
- 1 lugë çaji pluhur qepë
- 1 lugë çaji hudhër pluhur
- $\frac{1}{2}$ lugë çaji piper i ëmbël i tymosur

UDHËZIME:

a) Ngrohni grilën në nivel të lartë.
b) Vendoseni proshutën në një tepsi dhe vendoseni nën skarë për 8-10 minuta, ose derisa të bëhet e freskët.
c) Përziejini të gjithë përbërësit e salcës.
d) Vendoseni mishin e grirë në një tas dhe rregulloni me kripë dhe piper. Përziejini mirë me duar të pastra dhe formoni 4 burgera të mëdhenj.
e) Ngrohni vajin në një tigan të madh dhe, kur të nxehet, shtoni burgerët. Gatuani për 3 minuta nga secila anë, më pas vendosni sipër secilës një fetë djathë, ulni zjarrin dhe vendoseni tiganin me kapak.

f) Kur proshuta të jetë gatuar, llokot e burgerit i ndajmë në gjysmë dhe i vendosim nën skarë derisa të skuqen lehtë.

g) Përhapni 2 lugë salcë në gjysmën e poshtme të simiteve, më pas vendosni burgerët sipër dhe më pas proshutën. Tani shtoni fetat e domates, trangujve dhe marulen. Përhapni edhe 2 lugë të tjera salcë në gjysmat e mbetura të simiteve dhe vendosini sipër.

47. Burger derri Teriyaki

PËRBËRËSIT:
- 1 kile mish derri te bluar
- ¼ filxhan salcë teriyaki
- 2 lugë qepë jeshile të grirë imët
- 1 thelpi hudhër, e grirë
- 1 lugë çaji xhenxhefil të freskët të grirë
- Kripë dhe piper për shije
- 4 simite burger
- Feta ananasi dhe marule për sipër

UDHËZIME:
a) Në një tas, kombinoni mishin e derrit të bluar, salcën teriyaki, qepën e gjelbër, hudhrën, xhenxhefilin, kripën dhe piperin.
b) Përziejini mirë derisa të gjithë përbërësit të përfshihen në mënyrë të barabartë.
c) Përzierjen e ndajmë në katër pjesë të barabarta dhe i japim formë pete.
d) Ngrohni paraprakisht një tigan me skarë ose sobë mbi nxehtësinë mesatare-të lartë.
e) Gatuani petat e derrit për rreth 4-5 minuta nga çdo anë, ose derisa të arrijnë një temperaturë të brendshme prej 160°F (71°C).
f) Skuqni kokrrat e burgerit lehtë në skarë ose në një dolli.
g) Vendosni një petë derri në gjysmën e poshtme të çdo simite.
h) Sipër shtoni feta ananasi dhe marule.
i) Mbulojeni me gjysmën e sipërme të simite dhe shërbejeni.

48. Burger derri me mollë dhe sherebelë

PËRBËRËSIT:
- 1 kile mish derri te bluar
- ½ filxhan mollë e grirë
- 2 lugë sherebelë të freskët të copëluar
- 1 thelpi hudhër, e grirë
- Kripë dhe piper për shije
- 4 simite burger
- Qepë të karamelizuara dhe rukola për sipër

UDHËZIME:
a) Në një tas bashkoni mishin e derrit të bluar, mollën e grirë, sherebelën, hudhrën, kripën dhe piperin.
b) Përziejini mirë derisa të gjithë përbërësit të përfshihen në mënyrë të barabartë.
c) Përzierjen e ndajmë në katër pjesë të barabarta dhe i japim formë pete.
d) Ngrohni paraprakisht një tigan me skarë ose sobë mbi nxehtësinë mesatare-të lartë.
e) Gatuani petat e derrit për rreth 4-5 minuta nga çdo anë, ose derisa të arrijnë një temperaturë të brendshme prej 160°F (71°C).
f) Skuqni kokrrat e burgerit lehtë në skarë ose në një dolli.
g) Vendosni një petë derri në gjysmën e poshtme të çdo simite.
h) Sipër i hidhni qepë të karamelizuara dhe rukola.
i) Mbulojeni me gjysmën e sipërme të simite dhe shërbejeni.

49. Burger Jalapeno dhe Cheddar Pork

PËRBËRËSIT:
- 1 kile mish derri te bluar
- ¼ filxhan jalapenos të grira hollë (farat hiqen për nxehtësi më të butë)
- ¼ filxhan djathë çedër i grirë
- 1 thelpi hudhër, e grirë
- Kripë dhe piper për shije
- 4 simite burger
- Avokado me feta dhe majonezë çipotle për sipër

UDHËZIME:
a) Në një tas, kombinoni mishin e derrit të bluar, jalapenos, djathin çedar, hudhrën, kripën dhe piperin.
b) Përziejini mirë derisa të gjithë përbërësit të përfshihen në mënyrë të barabartë.
c) Përzierjen e ndajmë në katër pjesë të barabarta dhe i japim formë pete.
d) Ngrohni paraprakisht një tigan me skarë ose sobë mbi nxehtësinë mesatare-të lartë.
e) Gatuani petat e derrit për rreth 4-5 minuta nga çdo anë, ose derisa të arrijnë një temperaturë të brendshme prej 160°F (71°C).
f) Skuqni kokrrat e burgerit lehtë në skarë ose në një dolli.
g) Vendosni një petë derri në gjysmën e poshtme të çdo simite.
h) Sipër hidhet avokado në feta dhe majonezë çipotle.
i) Mbulojeni me gjysmën e sipërme të simite dhe shërbejeni.

50. Burger derri i stilit italian

PËRBËRËSIT:
- 1 kile mish derri te bluar
- 2 lugë gjelle domate të thara në diell të grira hollë
- 2 lugë djathë parmixhano të grirë
- 1 thelpi hudhër, e grirë
- 1 lugë çaji borzilok të thatë
- Kripë dhe piper për shije
- 4 simite burger
- Salcë marinara, djathë mocarela dhe gjethe borziloku të freskët për sipër

UDHËZIME:
a) Në një tas bashkoni mishin e derrit të bluar, domatet e thara, djathin parmixhano, hudhrën, borzilokun, kripën dhe piperin.
b) Përziejini mirë derisa të gjithë përbërësit të përfshihen në mënyrë të barabartë.
c) Përzierjen e ndajmë në katër pjesë të barabarta dhe i japim formë pete.
d) Ngrohni paraprakisht një tigan me skarë ose sobë mbi nxehtësinë mesatare-të lartë.
e) Gatuani petat e derrit për rreth 4-5 minuta nga çdo anë, ose derisa të arrijnë një temperaturë të brendshme prej 160°F (71°C).
f) Skuqni kokrrat e burgerit lehtë në skarë ose në një dolli.
g) Përhapni salcën marinara në gjysmën e poshtme të çdo simite.
h) Vendosni sipër një petë derri, e ndjekur nga djathi mocarela dhe gjethet e borzilokut të freskët.
i) Mbulojeni me gjysmën e sipërme të simite dhe shërbejeni.

51. Burger derri Maple-Bacon

PËRBËRËSIT:
- 1 kile mish derri te bluar
- 2 lugë shurup panje
- 4 feta proshutë të gatuar, të grimcuara
- 1 thelpi hudhër, e grirë
- Kripë dhe piper për shije
- 4 simite burger
- Maple-Dijon mustardë, marule dhe domate për sipër

UDHËZIME:
a) Në një tas, kombinoni mishin e derrit të bluar, shurupin e panjeve, proshutën e grirë, hudhrën, kripën dhe piperin.
b) Përziejini mirë derisa të gjithë përbërësit të përfshihen në mënyrë të barabartë.
c) Përzierjen e ndajmë në katër pjesë të barabarta dhe i japim formë pete.
d) Ngrohni paraprakisht një tigan me skarë ose sobë mbi nxehtësinë mesatare-të lartë.
e) Gatuani petat e derrit për rreth 4-5 minuta nga çdo anë, ose derisa të arrijnë një temperaturë të brendshme prej 160°F (71°C).
f) Skuqni kokrrat e burgerit lehtë në skarë ose në një dolli.
g) Përhapeni mustardë panje-Dijon në gjysmën e poshtme të çdo simite.
h) Vendosni sipër një petë derri, e ndjekur nga marule dhe domate.
i) Mbulojeni me gjysmën e sipërme të simite dhe shërbejeni.

52. Pineapple-Teriyaki Burger Derri

PËRBËRËSIT:
- 1 kile mish derri te bluar
- ¼ filxhan salcë teriyaki
- 2 lugë qepë jeshile të grirë imët
- 1 thelpi hudhër, e grirë
- 4 unaza ananasi
- Kripë dhe piper për shije
- 4 simite burger
- Sriracha majonezë dhe marule për sipër

UDHËZIME:
a) Në një tas, kombinoni mishin e derrit të bluar, salcën teriyaki, qepën e gjelbër, hudhrën, kripën dhe piperin.
b) Përziejini mirë derisa të gjithë përbërësit të përfshihen në mënyrë të barabartë.
c) Përzierjen e ndajmë në katër pjesë të barabarta dhe i japim formë pete.
d) Ngrohni paraprakisht një tigan me skarë ose sobë mbi nxehtësinë mesatare-të lartë.
e) Gatuani petat e derrit për rreth 4-5 minuta nga çdo anë, ose derisa të arrijnë një temperaturë të brendshme prej 160°F (71°C).
f) Ndërsa petat janë duke u gatuar, grijini unazat e ananasit për 1-2 minuta nga secila anë.
g) Skuqni kokrrat e burgerit lehtë në skarë ose në një dolli.
h) Përhapeni majonezë sriracha në gjysmën e poshtme të çdo simite.
i) Vendosni një petë derri sipër, e ndjekur nga një unazë ananasi i pjekur në skarë dhe marule.
j) Mbulojeni me gjysmën e sipërme të simite dhe shërbejeni.

53. Burger derri mesdhetar

PËRBËRËSIT:
- 1 kile mish derri te bluar
- ¼ filxhan qepë të kuqe të grirë hollë
- 2 thelpinj hudhre, te grira
- 2 lugë majdanoz të freskët të grirë
- 1 lugë gjelle mente të freskët të copëtuar
- 1 lugë çaji qimnon i bluar
- Kripë dhe piper për shije
- 4 simite burger
- Salcë Tzatziki, marule dhe domate për sipër

UDHËZIME:
a) Në një tas bashkoni mishin e derrit të bluar, qepën e kuqe, hudhrën, majdanozin, nenexhikun, qimnonin, kripën dhe piperin.
b) Përziejini mirë derisa të gjithë përbërësit të përfshihen në mënyrë të barabartë.
c) Përzierjen e ndajmë në katër pjesë të barabarta dhe i japim formë pete.
d) Ngrohni paraprakisht një tigan me skarë ose sobë mbi nxehtësinë mesatare-të lartë.
e) Gatuani petat e derrit për rreth 4-5 minuta nga çdo anë, ose derisa të arrijnë një temperaturë të brendshme prej 160°F (71°C).
f) Skuqni kokrrat e burgerit lehtë në skarë ose në një dolli.
g) Përhapni salcën tzatziki në gjysmën e poshtme të çdo simite.
h) Vendosni sipër një petë derri, e ndjekur nga marule dhe domate.
i) Mbulojeni me gjysmën e sipërme të simite dhe shërbejeni.

54. Burger i derrit të sherebelës dhe mollës

PËRBËRËSIT:

- 1 kile mish derri te bluar
- ½ filxhan mollë e grirë
- 2 lugë sherebelë të freskët të copëtuar
- 2 thelpinj hudhre, te grira
- Kripë dhe piper për shije
- 4 simite burger
- Qepë të karamelizuara dhe djathë zviceran për sipër

UDHËZIME:

a) Në një tas bashkoni mishin e derrit të bluar, mollën e grirë, sherebelën, hudhrën, kripën dhe piperin.
b) Përziejini mirë derisa të gjithë përbërësit të përfshihen në mënyrë të barabartë.
c) Përzierjen e ndajmë në katër pjesë të barabarta dhe i japim formë pete.
d) Ngrohni paraprakisht një tigan me skarë ose sobë mbi nxehtësinë mesatare-të lartë.
e) Gatuani petat e derrit për rreth 4-5 minuta nga çdo anë, ose derisa të arrijnë një temperaturë të brendshme prej 160°F (71°C).
f) Skuqni kokrrat e burgerit lehtë në skarë ose në një dolli.
g) Vendosni një petë derri në gjysmën e poshtme të çdo simite.
h) Sipër i hidhni qepë të karamelizuara dhe djathë zviceran.
i) Mbulojeni me gjysmën e sipërme të simite dhe shërbejeni.
j) Shijoni duke bërë dhe shijuar këto receta të shijshme të burgerëve të derrit!

BURGER PESHQI DHE PRODUKTE DETI

55. Burgers peshku të thërrmuar natën e së premtes

PËRBËRËSIT:
- ½ filxhan (75 g) miell i thjeshtë
- 2 vezë të rrahura lehtë
- 1 ½ filxhan (150 g) thërrime buke të thata
- 4 fileto snepper pa lëkurë, secila me peshë afërsisht 150 g
- Vaj luledielli për tiganisje të cekët
- 1 karotë, e grirë
- 1 panxhar, i grirë
- 2 lugë majonezë, plus shtesë për lyerje
- ⅓ tufë kopër, degëza të grira
- 4 kornikone, te prera holle
- Lëng ½ limoni, plus copa limoni për servirje
- 1 bebe cos marule, gjethe te ndara
- 4 simite hamburger briosh, te thekur lehte

UDHËZIME:
a) Vendosni tre pjata të veçanta me miell të thjeshtë, vezë të rrahura dhe thërrime buke të thata dhe rregulloni secilën pjatë. E lyejmë çdo fileto me miell, më pas e lyejmë në vezën e rrahur dhe në fund e lyejmë me thërrime buke.

b) Ngrohni vajin e lulediellit në një tigan mbi nxehtësinë mesatare-të lartë. Skuqini filetat e snappers për 4-5 minuta duke i kthyer deri sa të marrin ngjyrë të artë dhe të zihen.

PËRGATITNI LAQEN:
c) Në një tas, kombinoni karotën e grirë, panxharin e grirë, majonezën, koprën e grirë, kornichons të prera në feta, lëngun e limonit dhe sezonin sipas shijes.

MBLEDHNI BURGERËT:

d) Vendosni disa gjethe marule në fund të çdo simite hamburgeri brioshe, më pas hidhni fileton e peshkut të skuqur, më pas sallat, dhe në fund, simite sipër lyeni me pak majonezë shtesë.

e) Shërbejini hamburgerët tuaj të shijshëm të peshkut të grimcuar me copa shtesë limoni. Shijoni vaktin tuaj të së premtes mbrëma!

56. Burgera peshku me brum birrë me salcë tartare

PËRBËRËSIT:
- Vaj vegjetal, për tiganisje të thellë
- 1 filxhan (150 g) miell që ngrihet vetë
- 2 lugë miell orizi, plus ½ filxhan shtesë (75 g) për pluhurosje
- 1 ½ filxhan (375 ml) birrë
- 1 lugë çaji kripë selino
- 400 gr peshk i bardhë i fortë
- 1 lugë çaji kripë pule
- 6 simite ciabatta
- 2 domate, te prera holle

PËR SLËN E ICEBERGUT TARTARE:
- 1 qepë e vogël e kuqe, e prerë hollë
- Lëngu dhe lëkura e 1 limoni
- 2 lugë kaperi, të copëtuara
- 8 kornichon (ose ndonjë turshi), të grira imët, plus shtesë për servirje
- ¼ marule ajsberg, e grirë
- 1 lugë gjelle kopër të grirë
- ½ filxhan (150 g) majonezë

UDHËZIME:
PËRGATITNI LAQEN:
a) Në një tas, bashkoni të gjithë përbërësit e sallatave përveç majonezës.

PËRGATITJA PËR SIGURIM:
b) Rreshtoni një tepsi me peshqir letre.

c) Ngrohni 5 cm vaj vegjetal në një tenxhere të gjerë ose wok mbi nxehtësinë mesatare-të lartë derisa të arrijë 180°C në një termometër. Nëse nuk keni një termometër, mund të kontrolloni nëse vaji është mjaft i nxehtë duke hedhur një kub bukë në të; duhet të bëhet e artë në 30 sekonda.

BËNI BRUMIN:

d) Në një tas të veçantë, përzieni miellin që rritet vetë, miellin e orizit, birrën dhe kripën e selinos për të krijuar brumin. Vendosni miellin shtesë të orizit në një enë tjetër. Duke punuar në tufa, lyejmë filetat e peshkut me miell orizi, i zhysim në brumë dhe më pas i shtojmë në vajin e nxehtë. Skuqini për 3-4 minuta ose derisa peshku të jetë gatuar, dhe brumi të marrë ngjyrë të artë dhe të fryrë.

e) Transferoni peshkun e skuqur në tepsi të përgatitur dhe spërkatni me pak kripë pule. Përsëriteni procesin me filetot e mbetura të peshkut.

MBLEDHNI BURGERËT:

f) Kombinoni majonezën me sallat dhe përzieni që të lyhet dhe kombinohet. Ndani këtë përzierje të sallatave në simite ciabatta dhe sipër shtoni peshkun e skuqur dhe fetat e domates.

g) Siguroni hamburgerët me hell dhe shtoni një kornichon shtesë sipër për një prekje shtesë. Shërbejeni dhe shijoni!

57. Tempura Fish Burger

PËRBËRËSIT:
- 1 filxhan (250 ml) uthull molle
- 2 lugë sheqer të bardhë
- 1 lugë çaji secila nga farat e sinapit dhe farat e qimnonit
- 2 djegës të thatë
- 1 llambë kopër, e prerë hollë
- 2 kastraveca libaneze, të prera hollë
- 1 tufë e vogël kopër
- $\frac{3}{4}$ filxhan (225 g) aioli
- Vaj luledielli, për tiganisje të thellë
- 200 g miell tempura, plus shtesë për pluhurosje
- 2 fileto me prerje mesatare, të kockave, secila fileto e prerë në gjysmë
- 4 role të mëdha briosh, të thekura
- Iceberg marule, për të shërbyer

UDHËZIME:
a) Në një tenxhere, kombinoni uthullën e mollës, sheqerin e bardhë, farat e mustardës, farat e qimnotit, specin djegës të thatë, 2 lugë çaji kripë dhe $\frac{3}{4}$ filxhan (180 ml) ujë.

b) Lëreni përzierjen të vlojë, më pas ulni zjarrin dhe ziejini për 5 minuta. Në një tas rezistent ndaj nxehtësisë, vendosni kopër, kastravec të prerë hollë dhe tre të katërtat e koprës.

c) Hidhni mbi to masën e nxehtë të uthullës dhe lëreni mënjanë të ftohet dhe të marinohet lehtë për të paktën 10 minuta.

d) Ngrohni vajin e luledielit në një tigan të thellë ose në një tenxhere të madhe në 190°C (një kub bukë do të marrë ngjyrë të artë në 10 sekonda kur vaji të jetë mjaftueshëm i nxehtë).

e) Ndiqni udhëzimet në paketën e miellit tempura për të bërë brumin.
f) Plurosni lehtë peshkun me miell shtesë dhe lyejini në brumë. Skuqini peshqit, duke i kthyer një herë, për 2-3 minuta derisa të marrin ngjyrë të artë. I kullojmë në peshqir letre.

MBLEDHNI BURGERËT:

g) Kulloni gjysmën e turshive (pjesën e mbetur mund ta ruani në një enë të mbyllur në frigorifer deri në 2 javë).
h) Bazat e roleve brioshe të thekura i lyejmë me gjysmën e aioli të koprës, më pas i lyejmë me marule, peshkun e skuqur në tempura, turshinë dhe aiolin e mbetur të koprës. Në fund, lyejini burgerët me majat e roleve.
i) Shijoni Burgerin tuaj të shijshëm të Peshkut Tempura me turshi me kastravec dhe kopër!

58. Fileto me Burger Peshku

PËRBËRËSIT:
- 1 petë peshku i bardhë i ngrirë me bukë
- 1 simite e vogël, e zakonshme me hamburger
- 1 lugë gjelle salcë tartari të përgatitur
- ½ fetë djathë të vërtetë amerikan
- kripë dash
- 1 fletë letre e dylluar (për ta mbështjellë)

UDHËZIME:
a) Ngrohni paraprakisht tiganin tuaj në 375-400 gradë. Pasi të jetë gati, gatuajeni peshkun për 3-5 minuta derisa të jetë gati.
b) Hiqeni dhe shtoni pak kripë.
c) Lyejeni simite në mikrovalë për rreth 10 sekonda, derisa të jetë e nxehtë dhe me avull.
d) Shtoni rreth 1 lugë gjelle salcë tartari të përgatitur në anën e kurorës së simite.
e) Vendosni fileton e peshkut të gatuar sipër, shtoni ½ fetë djathë amerikan me qendër peshkun dhe shtoni thembrën e simite.
f) Mbështilleni me një fletë letre të depiluar 12" x 12" dhe ngroheni në temperaturën më të ulët të furrës për 8-10 minuta.

59. Burgers me merluc

PËRBËRËSIT:
- ½ kile fileto merluci
- ½ lugë çaji lëvore të freskët gëlqereje, të grirë hollë
- ½ veze
- ½ lugë çaji pastë djegës të kuq
- Kripë, për shije
- ½ lugë gjelle lëng limoni të freskët
- 3 lugë kokos të grira dhe të ndara
- 1 qepë e vogël, e grirë hollë
- 1 lugë majdanoz i freskët, i grirë

UDHËZIME:
a) Në një përpunues ushqimi, shtoni filetot e merlucit, lëkurën e gëlqeres, vezën, pastën djegëse, kripën dhe lëngun e limonit dhe pulsoni derisa të jetë e qetë.
b) Transferoni përzierjen e merlucit në një tas.
c) Shtoni 1½ lugë kokosi, qepë dhe majdanoz dhe përziejini derisa të kombinohen mirë.
d) Nga përzierja bëni 4 peta me përmasa të barabarta.
e) Në një enë të cekët vendosim pjesën e mbetur të kokosit.
f) Lyejini petat me kokos në mënyrë të barabartë.
g) Shtypni butonin AIR OVEN MODE të furrës Digital Air Fryer dhe rrotulloni çelësin për të zgjedhur modalitetin "Air Fry".
h) Shtypni butonin KOHA/FETAT dhe rrotulloni sërish çelësin për të vendosur kohën e gatimit në 7 minuta.
i) Tani shtypni butonin TEMP/SHADE dhe rrotulloni çelësin për të vendosur temperaturën në 375 °F.
j) Shtypni butonin "Start/Stop" për të filluar.
k) Kur njësia të bie për të treguar se është ngrohur paraprakisht, hapni derën e furrës.

l) Vendosini petat në koshin e skuqur me yndyrë dhe futini në furrë.

m) Kur të përfundojë koha e gatimit, hapni derën e furrës dhe shërbejeni të nxehtë.

60. Burgera peshku me frymëzim aziatik

PËRBËRËSIT:

- 500 gr fileto salmoni pa lëkurë, të prera me kocka, të prera në copa 1 cm
- Copë 5 cm (25 g) xhenxhefil, e grirë hollë
- 1 djegës djegës i kuq, i grirë hollë
- $\frac{1}{2}$ filxhan (25 g) bukë panko
- 1 luge vaj ulliri
- 4 simite të buta me burger të bardhë, të ndarë
- $\frac{1}{2}$ kastravec libanez, i qëruar në shirita
- 5 rrepka, të prera, të prera hollë
- Majonetë djegëse
- ⅓ filxhan (100 g) majonezë
- 1 lugë gjelle salcë djegës
- Mayo Teriyaki
- ⅓ filxhan (100 g) majonezë
- 1 lugë gjelle salcë teriyaki

UDHËZIME:

a) Hidhni gjysmën e salmonit në një përpunues ushqimi derisa të copëtohet imët. Shtoni xhenxhefilin dhe djegësin dhe pulsoni shkurt për ta kombinuar. Transferojeni në një tas, përzieni copat e mbetura të salmonit dhe rregulloni mirë me kripë dhe piper të zi të sapo bluar.

b) Vishni një tepsi me letër pjekjeje. Përzierjen e salmonit e ndajmë në katër peta me trashësi 2 cm. Lyejini me kujdes petat me thërrime buke, duke shtypur thërrimet në petë. Vendoseni në tepsi të përgatitur, mbulojeni dhe ftohuni për 20 minuta ose derisa të forcohet.

c) Për majonezën e aromatizuar, kombinoni përbërësit për secilën majonezë në 2 tasa të veçantë.

d) Ngrohni një tigan për skarë ose grill në nxehtësi mesatare-të lartë. Spërkatni petat e salmonit me vaj dhe ziejini, duke i kthyer përgjysmë, për 6-8 minuta ose derisa të marrin ngjyrë të artë dhe të galuhen. Grijini simitet, me anën e prerë poshtë, për 30 sekonda ose derisa të skuqen lehtë.
e) Vendosini bazat e tufave të burgerit në një pjatë. Ndani kastravecin midis bazave, sipër fusni petat e salmonit dhe rrepkën, më pas hidhni me lugë majonezën, duke i lënë të derdhen në anët dhe në pjatë.
f) Mbushni me kapak simite dhe shërbejeni menjëherë.

61. Burger me Salmon Peshkatar me fat

PËRBËRËSIT:
BURGER SALMONI:
- 3 vezë
- 5 lugë qumësht
- Tre kanaçe 14¾ ons me salmon të egër të Alaskës, të kulluara, të hequra nga lëkura dhe kockat, të fshira
- 5 qepë jeshile mesatare, të grira
- 2½ filxhanë thërrime buke të buta
- ¾ lugë çaji kripë

PËR TË SHËRBUAR:
- 10 simite gjevrek
- 12½ filxhanë rukole të shpëlarë dhe të tharë
- 2 domate të mëdha, të prera në feta

Salcë CRACK PËR BURGER SALMONI:
- 2½ gota salcë kosi
- 2 ½ filxhan majonezë
- 3 lugë kaperi të grirë hollë
- 3 lugë gjelle kopër të grirë
- 1 limon të grirë dhe të shtrydhur
- 1 lugë gjelle hudhër të grirë
- Kripë dhe piper për shije

UDHËZIME:
KUVENDI I BURGERIT SALMON:
a) Në një enë mesatare rrihni vezën dhe qumështin me një pirun ose rrahëse teli.
b) Përzieni salmonin e Alaskës, qepët e njoma, thërrimet e bukës dhe kripën.
c) Formoni përzierjen në 10 peta, rreth 4 inç në diametër.
d) Petën e salmonit e vendosim në furrë në temperaturën 500 gradë për 9 minuta duke e kthyer një herë deri në kafe të artë.

e) Përhapeni salcën e çarjes në simitet e poshtme dhe sipër.
f) Pasi peta të jetë bërë, hiqeni nga furra dhe vendoseni në gjysmën e poshtme të simite
g) Sipër simite vendosim rukolën, më pas vendosim domatet që janë zhytur në salcën e krisjes.
h) Shtizë me kazan burger për ta mbajtur të bashkuar.

PËR salcën e plasaritjes:

i) Përzieni salcë kosi dhe majonezë derisa të jenë të lëmuara.
j) Shtoni kaperi, koprën dhe hudhrën në përzierjen e majonezës. Përziejini për t'u bashkuar.
k) Lëkura dhe shtrydhni limonin në përzierje. Sigurohuni që të mos shtoni farat e limonit.
l) Shtoni kripë dhe piper për shije.

BURGERË FRUTA

62. Burger pule me pjeshkë dhe brirë

PËRBËRËSIT:
- 1 kile pule e bluar
- ½ filxhan pjeshkë të freskëta të grira hollë
- 2 lugë borzilok të freskët të grirë
- 1 thelpi hudhër, e grirë
- Kripë dhe piper për shije
- 4 simite burger
- Djathë brie dhe rukola të prera në feta për sipër

UDHËZIME:
a) Në një enë bashkojmë pulën e bluar, pjeshkët e grira, borzilokun, hudhrën, kripën dhe piperin.
b) Përziejini mirë derisa të gjithë përbërësit të përfshihen në mënyrë të barabartë.
c) Përzierjen e ndajmë në katër pjesë të barabarta dhe i japim formë pete.
d) Ngrohni paraprakisht një tigan me skarë ose sobë mbi nxehtësinë mesatare-të lartë.
e) Gatuani petat e pulës për rreth 4-5 minuta nga çdo anë, ose derisa të arrijnë një temperaturë të brendshme prej 165°F (74°C).
f) Skuqni kokrrat e burgerit lehtë në skarë ose në një dolli.
g) Vendosni një petë pule në gjysmën e poshtme të çdo simite.
h) Sipër hidhet djathi brie të prerë në feta dhe rukola.
i) Mbulojeni me gjysmën e sipërme të simite dhe shërbejeni.

63. Burger Mango Black Bean

PËRBËRËSIT:
- 1 kanaçe (15 oz) fasule të zeza, të kulluara dhe të shpëlarë
- 1 mango e pjekur, e qëruar dhe e prerë në kubikë
- $\frac{1}{4}$ filxhan qepë të kuqe të grirë hollë
- 2 lugë gjelle cilantro të freskët të copëtuar
- 1 lugë çaji qimnon i bluar
- $\frac{1}{2}$ lugë çaji pluhur djegës
- Kripë dhe piper për shije
- $\frac{1}{2}$ filxhan thërrime buke
- 4 simite burger
- Avokado me feta dhe salsa për sipër

UDHËZIME:
a) Në një tas të madh, grijini fasulet e zeza me një pirun derisa të bëhen pure pjesërisht, por të mbeten ende disa fasule të plota.
b) Shtoni mangon e prerë në kubikë, qepën e kuqe, cilantro, qimnon, pluhur djegës, kripë, piper dhe thërrimet e bukës në tas.
c) Përziejini mirë derisa të bashkohen të gjithë përbërësit.
d) Përzierjen e ndajmë në katër pjesë të barabarta dhe i japim formë pete.
e) Ngrohni paraprakisht një tigan me skarë ose sobë mbi nxehtësinë mesatare-të lartë.
f) Gatuani petat e fasules së zezë për rreth 4-5 minuta nga çdo anë, ose derisa të nxehen dhe të forcohen.
g) Skuqni kokrrat e burgerit lehtë në skarë ose në një dolli.
h) Vendosni një petë me fasule të zezë në gjysmën e poshtme të çdo simite.
i) Sipër hidhet avokado në feta dhe salsa.

j) Mbulojeni me gjysmën e sipërme të simite dhe shërbejeni.

64. Burger viçi me dardhë dhe djathë blu

PËRBËRËSIT:
- 1 kile mish viçi të bluar
- 1 dardhë e pjekur, e qëruar dhe e grirë
- 2 lugë djathë blu të grimcuar
- 1 thelpi hudhër, e grirë
- Kripë dhe piper për shije
- 4 simite burger
- Qepë të karamelizuara dhe spinaq baby për sipër

UDHËZIME:
a) Në një tas, kombinoni mishin e grirë, dardhën e grirë, djathin blu, hudhrën, kripën dhe piperin.
b) Përziejini mirë derisa të gjithë përbërësit të përfshihen në mënyrë të barabartë.
c) Përzierjen e ndajmë në katër pjesë të barabarta dhe i japim formë pete.
d) Ngrohni paraprakisht një tigan me skarë ose sobë mbi nxehtësinë mesatare-të lartë.
e) Gatuani petat e viçit për rreth 4-5 minuta nga çdo anë, ose derisa të arrijnë një temperaturë të brendshme prej 160°F (71°C).
f) Skuqni kokrrat e burgerit lehtë në skarë ose në një dolli.
g) Vendosni një petë viçi në gjysmën e poshtme të çdo simite.
h) Sipër hidhni qepë të karamelizuara dhe spinaq baby.
i) Mbulojeni me gjysmën e sipërme të simite dhe shërbejeni.

65. Burger me djathë pjeshke dhe dhie të pjekur në skarë

PËRBËRËSIT:
- 1 kile mish viçi të bluar
- 2 pjeshkë të pjekura, të përgjysmuara dhe pa gropa
- 2 ons djathë dhie
- 2 lugë borzilok të freskët të grirë
- Kripë dhe piper për shije
- 4 simite burger
- Përzier zarzavate dhe mjaltë për sipër

UDHËZIME:
a) Në një tas, kombinoni mishin e grirë, borzilokun e grirë, kripën dhe piperin.
b) Përziejini mirë derisa të gjithë përbërësit të përfshihen në mënyrë të barabartë.
c) Përzierjen e ndajmë në katër pjesë të barabarta dhe i japim formë pete.
d) Ngrohni paraprakisht një tigan me skarë ose sobë mbi nxehtësinë mesatare-të lartë.
e) Piqni gjysmat e pjeshkës në skarë për rreth 2-3 minuta nga çdo anë, derisa të shfaqen shenjat e grilës.
f) Hiqni gjysmat e pjeshkës nga grila dhe lërini mënjanë.
g) Gatuani petat e viçit për rreth 4-5 minuta nga çdo anë, ose derisa të arrijnë një temperaturë të brendshme prej 160°F (71°C).
h) Skuqni kokrrat e burgerit lehtë në skarë ose në një dolli.
i) Përhapeni djathë dhie në gjysmën e poshtme të çdo simite.
j) Vendosni sipër një petë viçi, e ndjekur nga një gjysmë pjeshke e pjekur në skarë.
k) Hidhni sipër zarzavate të përziera dhe spërkatni me mjaltë.

l) Mbulojeni me gjysmën e sipërme të simite dhe shërbejeni.

66. Burger viçi me djathë dhie boronicë

PËRBËRËSIT:
- 1 kile mish viçi të bluar
- ½ filxhan boronica të freskëta
- 2 lugë djathë dhie të grimcuar
- 1 thelpi hudhër, e grirë
- Kripë dhe piper për shije
- 4 simite burger
- Rukola dhe feta qepë të kuqe për sipër

UDHËZIME:
a) Në një tas, kombinoni mishin e grirë, boronicat, djathin e dhisë, hudhrën, kripën dhe piperin.
b) Përziejini mirë derisa të gjithë përbërësit të përfshihen në mënyrë të barabartë.
c) Përzierjen e ndajmë në katër pjesë të barabarta dhe i japim formë pete.
d) Ngrohni paraprakisht një tigan me skarë ose sobë mbi nxehtësinë mesatare-të lartë.
e) Gatuani petat e viçit për rreth 4-5 minuta nga çdo anë, ose derisa të arrijnë një temperaturë të brendshme prej 160°F (71°C).
f) Skuqni kokrrat e burgerit lehtë në skarë ose në një dolli.
g) Vendosni një petë viçi në gjysmën e poshtme të çdo simite.
h) Sipër hidhni rukolën dhe fetat e qepës së kuqe.
i) Mbulojeni me gjysmën e sipërme të simite dhe shërbejeni.

BURGER VEGGIE

67. Burger me patate të ëmbla

PËRBËRËSIT:
- 1 patate e ëmbël, e prerë në copa të trasha 1 cm
- 2 lugë vaj ulliri ekstra të virgjër
- 4 vezë
- 4 rrotulla buke, të prera në feta të kryqëzuara
- 1 thelpi hudhër, e përgjysmuar
- 1 domate, të përgjysmuar në rrugë tërthore
- Gjethet e spinaqit për bebe, lakra jeshile dhe gjethe të vogla borziloku, për servirje
- 4 feta djathë të shijshëm
- Salcë djegëse, për përhapje

UDHËZIME:
a) Ngrohni furrën tuaj në 200°C dhe shtroni një tepsi me letër pjekjeje.
b) Hidhni fetat e patates së ëmbël me 1 lugë vaj ulliri në tepsi të përgatitur. I pjekim për rreth 20 minuta ose derisa të zbuten. Mbulojini për t'i mbajtur të ngrohta.
c) Ndërsa patatet e ëmbla piqen, ngrohni 1 lugë gjelle vaj ulliri të mbetur në një tigan të madh mbi nxehtësinë mesatare-të lartë. Thyejeni me kujdes vezët dhe skuqini derisa të bardhat e vezëve sapo të jenë gatuar ose derisa të arrijnë nivelin tuaj të preferuar të gatishmërisë.
d) Rriteni nxehtësinë në të lartë dhe shtoni rrotullat e bukës, me anën e prerë poshtë. Gatuani për rreth 90 sekonda ose derisa të bëhen të thekura.
e) Fërkojeni anën e prerë të çdo roleje me thelpin e hudhrës të përgjysmuar dhe më pas fërkoni me domatet e përgjysmuara, duke shtrydhur lëngjet e domates në bukë.

MBLEDHNI BURGERIN:

f) Për t'i shërbyer, shpërndani salcën djegës në të dy gjysmën e sipërme dhe të poshtme të roleve. Mbi gjysmat e poshtme me pataten e ëmbël të pjekur, fetat e djathit të shijshëm, gjethet e spinaqit, lakër jeshile, borzilok dhe një vezë të skuqur. I rregullojmë sipas dëshirës dhe i plotësojmë burgerët me gjysmat e sipërme të roleve.

g) Shijoni hamburgerin tuaj të përsosur të mëngjesit të hangover!

68. Burgera me kungull dhe haloumi

PËRBËRËSIT:
- 650 gr kungull gjalpë të qëruar, të prerë
- ¼ filxhan (60 ml) vaj ulliri, plus shtesë për spërkatje
- 2 lugë çaji za'atar
- 400 gr qiqra kanaçe, te shpelara dhe te kulluara, te grira me pirun
- 1 filxhan (70 g) bukë të freskët
- 1 filxhan gjethe majdanozi me gjethe të sheshta, të copëtuara
- 1 vezë e rrahur lehtë
- 200 g kos të trashë të stilit grek
- 1 lugë gjelle tahini
- Lëkura e grirë imët e 1 limoni, plus 1 lugë gjelle lëng
- 250 gr hallumi i prerë në feta
- 4 role buke, te thekura
- Gjalpë gjethe marule dhe feta domate, për servirje

UDHËZIME:
a) Ngrohni furrën tuaj në 220°C.
b) Vendosni kungullin e grirë në një tepsi, spërkatni me vaj ulliri, shpërndani 1 lugë çaji za'atar dhe rregulloni me kripë dhe piper.
c) Pjekim për 20-25 minuta derisa kungulli të jetë i butë dhe pak i karamelizuar.
d) E transferojmë në një tas dhe e grijmë në një pastë të trashë me qiqrat e grira, thërrimet e bukës, majdanozin e grirë dhe vezën e rrahur. Formoni këtë përzierje në 4 peta dhe lëreni të ftohet për 15 minuta.
e) Në një tas, kombinoni kosin e stilit grek, tahinin, lëkurën e limonit dhe lëngun e limonit. I rregullojmë me kripë dhe piper. Lërini mënjanë derisa të jeni gati për ta shërbyer.

f) Ngrohni 2 lugë gjelle vaj ulliri në një tigan mbi nxehtësinë mesatare. Skuqini petat duke i kthyer një herë për 6-8 minuta derisa të marrin ngjyrë kafe të artë. Mbajini ato të ngrohta.

g) Fshijeni tiganin të pastër dhe kthejeni në nxehtësi mesatare. Shtoni edhe 1 lugë gjelle vaj ulliri të mbetur dhe shtoni fetat e hallumit. I kaurdisim duke i rrotulluar për 1-2 minuta derisa të marrin ngjyrë të artë.

h) **MBLEDHNI BURGERËT:**

i) Për të montuar burgerët, lyejmë fundet e roleve të thekura me përzierjen e kosit. Sipër shtoni marule, feta domate, hallumi, një petë kungull dhe një kukull shtesë të përzierjes së kosit. Spërkateni me 1 lugë çaji të mbetur za'atar, më pas vendosni sipër rolet dhe shërbejeni menjëherë.

j) Shijoni Burgerët tuaj me Kungull dhe Haloumi!

69. Haloumi Hash Burgers me Kale Aioli

PËRBËRËSIT:
- 200 gr patate Desiree, të qëruara, të grira, uji i tepërt i shtrydhur
- 250 gr hallumi i grirë
- 1 lugë gjelle miell i thjeshtë
- 1 vezë
- 4 kërpudha të mëdha portobello
- Vaj ulliri ekstra i virgjër, për spërkatje
- 1 filxhan (300 g) aioli
- 2 gota gjethe kale të copëtuara, të zbardhura, të freskuara
- 4 rrotulla buke thekre, të ndara, të thekura lehtë
- Gjethe rakete dhe salcë Sriracha ose domate, për servirje

UDHËZIME:
a) Ngrohni furrën tuaj në 220°C.
b) Në një enë bashkojmë patatet e grira, hallumin e grirë, miellin e thjeshtë dhe vezën. E rregullojmë përzierjen me piper. Formoni përzierjen në katër raunde në një tepsi të veshur me letër furre.
c) Vendoseni tavën në raftin e sipërm të furrës dhe piqni, duke e kthyer hashin të marrë ngjyrë kafe në gjysmë, për rreth 30 minuta ose derisa të marrin ngjyrë të artë.
d) Ndërkohë vendosim kërpudhat portobello në një tepsi tjetër, i lyejmë me vaj ulliri dhe i rregullojmë. I pjekim në raftin e poshtëm të furrës (poshtë grimcave të skuqura) për 15 minutat e fundit të gatimit ose derisa të jenë gatuar.
e) Vendosni aioli dhe lakra jeshile të grirë në një procesor të vogël ushqimi dhe përpunoni derisa masa të bëhet e gjelbër dhe të kombinohet mirë.

MBLEDHNI BURGERËT:

f) Përhapeni bazat e rrotullave të thekrës me aioli lakër jeshile.
g) Mbi çdo role me një hallumi hash kafe, gjethe rakete, një kërpudha të pjekur, Sriracha (ose salcë domate) dhe kapakët e roleve.
h) Shijoni Haloumi Hash Burger-ët tuaj unikë dhe të shijshëm me Kale Aioli!

70. Burgers Fritter kungull i njomë

PËRBËRËSIT:
- 1 kungull i njomë, i grirë në rende trashë
- 80 gr qiqra të konservuara të kulluara, të grira hollë
- ¼ filxhan (50 g) feta, e grimcuar
- ½ filxhan (40 g) parmixhan, i grirë
- ¼ filxhan kopër të grirë imët, plus 2 lugë shtesë të copëtuara
- 1 lugë mente të grirë hollë
- 2 qepë të grira hollë
- 1/4 filxhan (40 g) fara lulediellli
- ¼ filxhan (35 g) miell qiqrash (besane).
- 1 vezë
- Majë piper kajen
- ¼ lugë çaji pluhur pjekjeje
- 40 g gjalpë pa kripë
- ⅓ filxhan (80 ml) vaj ulliri
- 4 qepë të kuqe, të prera hollë
- 2 lugë sheqer kaf
- 2 luge uthull balsamike
- ⅓ filxhan (100 g) majonezë me cilësi të mirë
- 2 lugë çaji qimnon të bluar
- 1 lugë çaji lëng limoni
- 4 rrotulla buke me shumë kokrra
- 1 panxhar, i pjekur, i qëruar, i prerë në feta
- 2 domate rome te prera ne feta
- 1 filxhan gjethe koriandër, të prera përafërsisht
- 1 filxhan (35 g) gjethe spinaqi bebe

UDHËZIME:
a) Vendosni kungullin e njomë të grirë në një copë muslin ose një leckë të pastër dhe shtrydhni për të hequr lëngun e tepërt. Transferoni në një tas dhe përzieni me

qiqrat e grira hollë, fetën e grirë, parmixhanin e grirë, $\frac{1}{4}$ filxhan kopër të grirë imët, nenexhikun, qepët e pranverës dhe farat e lulediellit. Spërkateni me bollëk me kripë dhe lëreni mënjanë.

b) Në një tas të veçantë, kombinoni miellin e qiqrave, vezën, specin kajen dhe pluhurin për pjekje me $\frac{1}{4}$ filxhan (60 ml) ujë. Rrihni derisa të formohet një brumë i lëmuar. Shtoni përzierjen e kungujve në brumin e qiqrave dhe paloseni butësisht derisa të kombinohen mirë. Mbulojeni dhe vendoseni në frigorifer për 20 minuta.

c) Në një tenxhere në zjarr të ulët shkrini gjalpin dhe shtoni 2 lugë vaj ulliri. Shtoni qepët e kuqe të prera hollë dhe ziejini, duke i përzier herë pas here, për 10-15 minuta derisa të bëhen të buta dhe të tejdukshme. Shtoni sheqerin kaf dhe uthullën balsamike dhe gatuajeni edhe për 5 minuta të tjera ose derisa qepët të karamelizohen. Le menjane.

d) Ngrohni 2 lugët e mbetura vaj ulliri në një tigan që nuk ngjit mbi nxehtësinë mesatare. Hidhni një të katërtën e përzierjes së kungujve në tigan. Gatuani për 3 minuta, më pas kthejeni dhe gatuajeni për 3 minuta të tjera ose derisa të marrin ngjyrë kafe të artë dhe të gatuhen. Hiqeni nga tigani dhe mbajeni të ngrohtë ndërsa përsërisni me brumin e mbetur.

PËRGATITNI majën e koprës:

e) Në një tas bashkoni majonezën, 2 lugët e mbetura kopër të grirë hollë, qimnonin e bluar dhe lëngun e limonit.

f) I rregullojmë me kripë dhe i përziejmë mirë.

MBLEDHNI BURGERËT:

g) Ngrohni paraprakisht një skarë në mesatare-të lartë. Pritini rolet e bukës me shumë kokrra në gjysmë dhe skuqini ato nën skarë për 1-2 minuta derisa të marrin një ngjyrë të lehtë të artë.

h) Përhapeni 1 lugë gjelle majonezë kopër në bazën e çdo roleje dhe sipër me një skuqje kungull i njomë, panxharë të pjekur dhe feta domate.

i) Mbulojeni me koriandër të grirë dhe gjethe spinaq baby, dhe përfundoni me një lugë qepë të karamelizuar. Zëvendësoni gjysmat e sipërme të rrotullave të bukës dhe shërbejeni.

j) Shijoni Burgerët tuaj të shijshëm me Kungull i njomë!

71. Burgera me kërpudha turshi dhe haloumi

PËRBËRËSIT:
- 1 avokado e madhe
- Lëkura e grirë hollë dhe lëngu i 1 limoni
- 2 lugë vaj ulliri
- 4 kërpudha portobello, kërcell të prerë
- 1 thelpi hudhër, e shtypur
- 4 degë trumze, gjethe të zgjedhura
- 1 djegës djegës i kuq i gjatë, farat e hequra, të grira imët
- 1 lugë mjaltë
- 2 lugë gjelle uthull molle
- 250 g haloumi, i prerë në 4 feta
- 4 simite burger, të ndarë dhe të thekur lehtë
- Majonezë dhe gjethe raketash të egra, për t'u shërbyer

UDHËZIME:
a) Grini avokadon me një pirun dhe aromatizoni. Hidhni gjysmën e lëngut të limonit mbi avokadon e grirë dhe më pas lëreni mënjanë.
b) Nxehni 1 lugë gjelle vaj ulliri në një tigan të madh mbi nxehtësinë mesatare. Shtojmë kërpudhat portobello, i rregullojmë me piper dhe i kaurdisim për rreth 6 minuta ose derisa të zbuten pak.
c) Shtoni 1 lugë gjelle vaj ulliri të mbetur në tigan së bashku me hudhrën e shtypur, gjethet e trumzës, djegësin e grirë, lëkurën e limonit dhe lëngun e mbetur të limonit. Gatuani, duke i kthyer kërpudhat për t'i veshur, për 2 minuta. Më pas, hidhni mjaltë, uthull molle dhe $\frac{1}{2}$ lugë çaji kripë.
d) Gatuani, duke i kthyer, për 1 minutë shtesë ose derisa kërpudhat të jenë veshur mirë. E heqim tiganin nga zjarri.

e) Vendosni një tigan tjetër mbi nxehtësinë mesatare. Shtojmë fetat e hallumit dhe i kaurdisim duke i kthyer për rreth 3 minuta ose derisa të marrin ngjyrë të artë.

MBLEDHNI BURGERËT:

f) Ndani avokadon e grirë në gjysmat e poshtme të simiteve të burgerit të thekur.

g) Mbi secilin me një fetë hallumi, një kërpudha portobello të gatuar, një copë majonezë, një grusht gjethe raketash të egra dhe gjysmat e sipërme të simiteve të burgerit.

h) Shijoni hamburgerët tuaj të shijshëm me turshi me kërpudha dhe haloumi!

72. Burgera me patëllxhanë tempura

PËRBËRËSIT:

- 800 g patate të ëmbla të përziera, të prera në copa të holla me lëkurë
- ¼ filxhan (60 ml) vaj ulliri
- ⅓ filxhan (80 ml) majonezë me vezë të plota
- ¼ filxhan pesto domate të thara
- 2 lugë çaji harissa (ose salcë tjetër djegës)
- 1 patëllxhan i madh, i prerë në 4 feta, secila me trashësi 3 cm
- 200 g përzierje tempura (e disponueshme në supermarkete të zgjedhura)
- Vaj luledielli, për tiganisje të thellë
- 4 simite briosh, te pergjysmuar dhe te thekur
- Gjalpë marule dhe turshi kopër, për servirje

UDHËZIME:

a) Ngroheni furrën në 220°C. Hidhni copat e patates së ëmbël në 2 lugë gjelle vaj ulliri dhe i rregulloni me kripë dhe piper.

b) I vendosim në tepsi të veshur me letër furre. Pjekim, duke i kthyer në gjysmë të rrugës, për 35 minuta ose derisa të bëhen të freskëta. Mbulojeni lirshëm me fletë metalike dhe lëreni mënjanë. Kthejeni në furrë për 5 minuta përpara se ta shërbeni, duke e spërkatur me vajin e mbetur të ullirit.

c) Në një tas, kombinoni majonezën, peston e domates së tharë dhe harissën. I rregullojmë me kripë dhe piper dhe e lëmë mënjanë.

d) Hidhni fetat e patëllxhanit në ¼ filxhan (35 g) të përzierjes së brumit të tempuras, duke shkundur çdo tepricë. Përgatitni brumin e mbetur të tempuras sipas udhëzimeve të paketës.

e) Mbushni përgjysmë një tenxhere me vaj luledielli dhe ngroheni në 190°C (një kub bukë do të marrë ngjyrë të artë në 10 sekonda kur vaji të jetë mjaftueshëm i nxehtë). Në tufa, skuqni patëllxhanin, duke e kthyer një herë, për 5 minuta ose derisa të bëhen të freskëta.
f) I kalojmë me një lugë të prerë në një peshqir letre që të ftohen pak. Sezoni me kripë.

MBLEDHNI BURGERËT:
g) Përhapeni anët e prera të simiteve me majonezë me domate pikante.
h) Mbi gjysmat e poshtme me marule, feta të freskëta patëllxhani dhe turshi të prera në feta. Sandwich me gjysmat e sipërme dhe shërbejeni me copa patate të ëmbël së bashku.
i) Shijoni Burgerët tuaj të shijshëm me patëllxhanë Tempura me salcë domate pikante!

73. Burger avokado i pjekur në skarë me fasule të marinuara

PËRBËRËSIT:
- 3-4 avokado mesatare
- lëng nga 1 lime
- vaj ulliri
- Fasule të marinuara
- 1 lugë gjelle uthull vere të bardhë
- 200 gr fasule të zeza të ziera
- 2-3 domate të tymosura
- 1 qepë e grirë hollë
- 1 lugë çaji djegës serrano i grirë hollë
- 1 lugë gjelle koriandër të grirë hollë
- 1 lugë çaji hudhër të grirë imët
- 2 lugë vaj ulliri
- lëvorja e 1 lime

PËR TË SHËRBUAR
- 6 simite burger, të përgjysmuar
- gjalpë për simite
- 6 lugë gjelle krem fraiche
- majdanoz dhe koriandër
- spec i kuq

UDHËZIME:
a) Përgatisni domatet e tymosura në skarë.
b) Përzieni domatet e tymosura të grira me përbërësit e tjerë dhe fasulet e marinuara.
c) Vendosni fetat e avokados në një pjatë dhe i spërkatni me lëng lime dhe vaj.
d) Grijini fetat e avokados me shpejtësi në skarë mbi nxehtësi shumë të lartë ose përdorni një furçë për të fshirë sipërfaqen.
e) Grijini simitet shpejt në skarë me gjalpë në sipërfaqen e prerë.

f) Në çdo simite, shpërndani një lugë të madhe fasule të marinuara, feta avokado, krem fraiche dhe majdanoz dhe koriandër
g) Spërkateni me pak piper kajen për të përfunduar.

74. Burgera me perime me avokado

PËRBËRËSIT:
- 1 avokado e mesme; me bërthama dhe të qëruara
- 1 filxhan soje të gatuar
- $\frac{1}{2}$ qepë; i prerë në kubikë
- 1 lugë çaji mustardë e përgatitur
- 1 lugë gjelle pure domate
- Kripë për shije
- Thërrime buke gruri integrale

UDHËZIME:
a) Përziejini të gjithë përbërësit përveç thërrimeve të bukës në një blender ose procesor ushqimi; përzieni derisa të jetë e qetë.

b) Vendoseni masën në një enë dhe shtoni thërrimet e bukës derisa masa të ngjitet aq sa të formohen në 2 peta në formë burgeri.

c) Skuqini petat në vaj kanola të ngrohur derisa të marrin ngjyrë kafe.

d) Shërbejeni të nxehtë në një role burgeri me marule, domate të prerë në feta ose qepë të prerë.

75. Burger pesto me kërpudha

PËRBËRËSIT:
- 4 kapakë kërpudhash Portobello, me kërcell, copa të hequra
- Pesto me spinaq
- 4 feta qepe
- 4 feta domate
- 4 simite hamburgeri me grurë të plotë

UDHËZIME:
a) Ngrohni furrën në 400°F.
b) Lyejeni kapakët e kërpudhave nga të dyja anët me pesto për t'u veshur dhe vendosini në një tepsi të mbyllur.
c) Gatuani për 15 deri në 20 minuta derisa të zbuten.
d) Shtroni kërpudhat me domate dhe qepë në simite.

76. Burger me kërpudha Portobello

PËRBËRËSIT:
- 4 kapele kërpudhash portobello
- 2 luge uthull balsamike
- 2 lugë vaj ulliri
- 2 thelpinj hudhre, te grira
- Kripë dhe piper për shije
- 4 simite burger
- Mbushje sipas dëshirës tuaj (marule, domate, djathë, etj.)

UDHËZIME:
a) Në një enë të cekët, përzieni uthullën balsamike, vajin e ullirit, hudhrën e grirë, kripën dhe piperin.
b) Vendosni kapakët e kërpudhave portobello në enë dhe lërini të marinohen për rreth 10 minuta, duke i kthyer deri në gjysmë.
c) Ngrohni paraprakisht një tigan me skarë ose sobë mbi nxehtësinë mesatare-të lartë.
d) Grijini kapakët e kërpudhave në skarë për rreth 4-5 minuta nga çdo anë, derisa të jenë të buta dhe të lëngshme.
e) Skuqni kokrrat e burgerit lehtë në skarë ose në një dolli.
f) Mblidhni burgerët duke vendosur një kapak kërpudhash portobello të pjekur në skarë në gjysmën e poshtme të çdo simite.
g) Mbushni me mbushjet tuaja të preferuara.
h) Mbulojeni me gjysmën e sipërme të simite dhe shërbejeni.

77. Burger me kungulleshka dhe qiqra

PËRBËRËSIT:

- 2 gota kungulleshka te grira (rreth 2 kungulleshka te mesme)
- 1 kanaçe (15 oz) qiqra, të kulluara dhe të shpëlarë
- $\frac{1}{2}$ filxhan thërrime buke
- $\frac{1}{4}$ filxhan qepë të grirë hollë
- 2 thelpinj hudhre, te grira
- 1 lugë çaji qimnon i bluar
- Kripë dhe piper për shije
- 4 simite burger
- Mbushjet sipas zgjedhjes suaj (marule, domate, salcë tzatziki, etj.)

UDHËZIME:

a) Vendosni kungulleshkat e grira në një peshqir të pastër kuzhine dhe shtrydhni çdo lagështi të tepërt.
b) Në një enë grijmë qiqrat me pirun derisa të bëhen pure pjesërisht por të kenë mbetur edhe disa qiqra të plota.
c) Shtoni kungulleshkat e grira, thërrimet e bukës, qepën, hudhrën, qimnonin, kripën dhe piperin në tas.
d) Përziejini mirë derisa të bashkohen të gjithë përbërësit.
e) Përzierjen e ndajmë në katër pjesë të barabarta dhe i japim formë pete.
f) Ngrohni paraprakisht një tigan me skarë ose sobë mbi nxehtësinë mesatare-të lartë.
g) Gatuani petat e kungujve dhe qiqrave për rreth 4-5 minuta nga çdo anë, ose derisa të nxehen dhe të forcohen.
h) Skuqni kokrrat e burgerit lehtë në skarë ose në një dolli.
i) Mblidhni burgerët me mbushjet tuaja të preferuara dhe shërbejini.

78. Burger me patate të ëmbla dhe kuinoa

PËRBËRËSIT:

- 1 filxhan pure patate të ëmbël (rreth 1 patate e ëmbël e madhe)
- $\frac{1}{2}$ filxhan quinoa të gatuar
- $\frac{1}{4}$ filxhani thërrime buke
- 2 lugë qepë të grirë hollë
- 2 thelpinj hudhre, te grira
- 1 lugë çaji qimnon i bluar
- Kripë dhe piper për shije
- 4 simite burger
- Mbushjet e zgjedhjes suaj (marule, domate, avokado, etj.)

UDHËZIME:

a) Në një tas, kombinoni patatet e ëmbla të grira, kuinoan e gatuar, thërrimet e bukës, qepën, hudhrën, qimnonin, kripën dhe piperin.
b) Përziejini mirë derisa të bashkohen të gjithë përbërësit.
c) Përzierjen e ndajmë në katër pjesë të barabarta dhe i japim formë pete.
d) Ngrohni paraprakisht një tigan me skarë ose sobë mbi nxehtësinë mesatare-të lartë.
e) Gatuani patatet e ëmbla dhe quinoa për rreth 4-5 minuta nga njëra anë, ose derisa të nxehen dhe të forcohen.
f) Skuqni kokrrat e burgerit lehtë në skarë ose në një dolli.
g) Mblidhni burgerët me mbushjet tuaja të preferuara dhe shërbejini.

79. Burger tofu me kërpudha

PËRBËRËSIT:
- ½ filxhan tërshërë të mbështjellë
- 1¼ filxhan bajame të grira trashë
- 1 lugë gjelle vaj ulliri ose kanola
- ½ filxhan qepë të gjelbër të copëtuar
- 2 lugë çaji hudhër të grirë
- 1½ filxhan kremini i copëtuar
- ½ filxhan oriz i gatuar; basmati kafe
- ⅓ filxhan djathë çedër vegan
- ⅔ filxhan tofu i fortë pure
- 1 vezë e madhe; plus
- 1 e bardhë veze; i rrahur lehtë
- 3 lugë majdanoz të grirë
- ½ filxhan thërrime buke të thata
- 6 feta mocarela e freskët; nëse dëshironi

UDHËZIME:
a) Ngrohni vajin në një tigan dhe në zjarr të moderuar kaurdisni qepët, hudhrat dhe kërpudhat derisa të zbuten dhe të marrin ngjyrë të lehtë. Shtoni tërshërën dhe vazhdoni të gatuani për 2 minuta të tjera duke e përzier vazhdimisht.

b) Kombinoni përzierjen e qepëve me orizin, djathin, tofu dhe vezët. Majdanozin, thërrimet e bukës dhe bajamet dhe përziejini për t'u bashkuar. I rregullojmë sipas shijes me kripë dhe piper. Formoni 6 peta dhe skuqini ose ziejini derisa të marrin ngjyrë të artë dhe të freskët nga jashtë.

c) Hidhni sipër një fetë mocarela të freskët dhe një ose dy lugë çaji salsa të freskët dhe shërbejeni menjëherë ashtu siç është ose midis fetave të thekura të bukës me drithëra integrale.

80. Burgera me arra dhe perime

PËRBËRËSIT:
- ½ qepë e kuqe
- 1 selino brinjë
- 1 karotë
- ½ spec i kuq zile
- 1 filxhan arra, të thekura, të bluara
- ½ filxhan thërrime buke
- ½ filxhan makarona orzo
- 2 vezë
- Kripë dhe piper
- Simite
- Feta avokado
- Feta vegan djathi zviceran
- Feta qepë të kuqe
- Catsup
- mustardë

UDHËZIME:
a) Skuqeni selinon e qepës, karotat dhe specin e kuq në 1 t vaj derisa të zbuten

b) Mbulojeni nëse dëshironi. Hudhra mund të shtohet nëse dëshironi. Shtoni arrat, thërrimet dhe orizin.

c) Formoni në pete. Skuqini në 1t vaj derisa të marrin ngjyrë të artë. Vendoseni në një simite dhe mblidhni.

81. Burger me kërpudha të egra

PËRBËRËSIT:

- 2 lugë çaji vaj ulliri
- 1 qepë mesatare të verdhë; i copëtuar mirë
- 2 qepe; të qëruara dhe të grira
- ⅛ lugë çaji kripë
- 1 filxhan kërpudha të thata shiitake
- 2 gota Kërpudhat Portobello
- 1 pako Tofu
- ⅓ filxhan embrion gruri i thekur
- ⅓ filxhan thërrime buke
- 2 lugë salcë soje Lite
- 2 lugë salcë Worcestershire
- 1 lugë çaji me aromë të lëngshme tymi
- ½ lugë çaji hudhër të grimcuar
- ¾ filxhan tërshërë për gatim të shpejtë

UDHËZIME:

a) Kaurdisni qepët, qepujt dhe kripën në vaj ulliri për rreth 5 minuta.

b) Kërpudha shiitake të zbutura me kërcell; grij me kërpudha të freskëta në një procesor ushqimi. Shtoni në qepë.

c) Gatuani për 10 minuta, duke e përzier herë pas here për të parandaluar ngjitjen.

d) Përziejini kërpudhat me tofu-në e grirë, shtoni përbërësit e mbetur dhe përziejini mirë. Lagni duart për të parandaluar ngjitjen dhe formimin e bishtajave.

e) Piqeni për 25 minuta, duke e kthyer një herë pas 15 minutash.

BURGER ME BISHJE DHE KOKRI

82. Burgera të gjallë qiqrash

PËRBËRËSIT:
- ¼ filxhan (60 ml) vaj ulliri ekstra i virgjër
- 1 qepë kafe, e grirë hollë
- 4 thelpinj hudhre, te shtypura
- 1 karotë e madhe, e grirë në rende
- 2 lugë çaji qimnon të bluar
- 1 lugë çaji garam masala
- ¼ lugë çaji pluhur djegës i kuq
- 400 gr qiqra kanaçe të kulluara dhe të shpëlarë
- 400 gr bishtaja të zeza të kulluara dhe të shpëlarë
- 1 ½ lugë gjelle pasata me domate
- 50 gr bukë panko
- 6 simite hamburger briosh, të përgjysmuar dhe të thekur
- ½ marule ajsberg, e prerë në feta
- 2 domate të mëdha të pjekura në hardhi, të prera në feta
- Turshi të përziera indiane, për t'u shërbyer

PËR MAJONËN E GJITHSHME BIMORE:
- 1 tufë koriandër, gjethe dhe kërcell të prera përafërsisht
- ½ tufë nenexhik, gjethe të zgjedhura, të prera përafërsisht
- ¼ filxhan (60 ml) lëng limoni
- 2 thelpinj hudhre, te shtypura
- 1 filxhan (300 g) majonezë
- ¼ filxhan (35 g) fëstëkë, të thekur

UDHËZIME:
a) Ngrohni 2 lugë vaj në një tigan të madh që nuk ngjit mbi nxehtësinë mesatare-të lartë. Shtoni qepën e grirë dhe gatuajeni për 7-8 minuta derisa të karamelizohet.

b) Shtoni hudhrën e shtypur dhe gatuajeni për një minutë shtesë. Më pas, shtoni karotën e grirë, qimnonin e bluar, garam masala, pluhur djegës të kuq, qiqrat, fasulet e zeza dhe pasatën. Sezoni sipas shijes.
c) Gatuani, duke e grirë me pjesën e pasme të një luge, për 5-8 minuta derisa masa të bashkohet dhe të fillojë të mbajë formën e saj.
d) Shtoni 40 gr bukë panko dhe përzieni derisa masa të bashkohet mirë.
e) Lëreni përzierjen të ftohet pak dhe më pas formojini 6 hamburgera me përmasa të barabarta. Lyejeni çdo petë me 10 g të mbetura bukë panko. Lëreni mënjanë derisa të gatuani.

PËRGATITNI majone të gjalla barishtore:
f) Në një përpunues të vogël ushqimi, kombinoni të gjithë përbërësit për majonezën e gjallë dhe përziejeni derisa të jetë e qetë.
g) E rregullojmë sipas shijes dhe e lëmë mënjanë.

Gatuani BURGERËT:
h) Ngrohni 1 lugë gjelle vaj të mbetur në një tigan të madh të pastër që nuk ngjit mbi nxehtësinë mesatare. Gatuani burgerët në 2 tufa për 3-4 minuta nga secila anë derisa të marrin ngjyrë kafe të artë.
i) **MBLEDHNI BURGERËT:**
j) Për ta mbledhur, përhapni majonezë në anët e prera të secilës simite dhe sipër me marule, feta domate, petë me qiqra dhe turshi. Shijoni hamburgerët tuaj të gjallë të qiqrave!

83. Burger Cajun Black Bean

PËRBËRËSIT:

- ⅓ filxhan (130 g) quinoa e kuqe
- 2 x 400 g kanaçe fasule të zeza, të lara dhe të kulluara
- 2 gota (320 g) fara luledielli të thekura
- 3 thelpinj hudhre, te shtypura
- ⅔ filxhan majdanoz me gjethe të sheshta, i grirë imët
- ⅔ filxhan (30 g) bukë panko
- 1 lugë çaji paprika e tymosur
- ½ lugë çaji piper kajen
- 2 lugë çaji rigon të tharë
- 1 lugë kafe e çastit
- 2 lugë sheqer kaf
- 2 vezë të rrahura lehtë
- 1 avokado
- ⅓ filxhan (85 g) salcë kosi
- ¼ filxhan (60 g) jalapeños turshi, të copëtuara
- ½ ananas i vogël, i prerë hollë në feta 5 mm të trasha
- 1 lugë gjelle vaj ulliri ekstra të virgjër
- 4 simite të mëdha burger, të përgjysmuar horizontalisht
- 1 filxhan (80 g) lakër jeshile, të prerë hollë
- Majonezë Kewpie, për t'u shërbyer

JALAPEÑO QEPË turshi:

- 1 qepë e bardhë, e prerë në feta
- 2 lugë çaji sheqer pluhur
- ¼ filxhan (80 ml) lëng turshi nga jalapeños turshi

UDHËZIME:

a) Shpëlajeni quinoan nën ujë të ftohtë të rrjedhshëm dhe vendoseni në një tenxhere.

b) Shtoni 1 filxhan ujë, lëreni të ziejë, më pas ulni zjarrin në mesatare-të ulët, mbulojeni dhe gatuajeni për 8-10 minuta derisa të zbutet. Kullojeni.

c) Në një përpunues ushqimi, grijini fasulet e zeza, farat e lulediellit dhe hudhrën derisa të grihen imët.
d) Transferoni në një tas dhe shtoni quinoa-n e gatuar, majdanozin, thërrimet e pankos, paprikën e tymosur, specin kajen, rigonin e thatë, kafenë e çastit, sheqerin dhe vezët e rrahura.
e) I rregullojmë me kripë dhe piper, e përziejmë mirë dhe e ndajmë masën në 4 pjesë. Formoni secilën pjesë në një petë dhe vendoseni në frigorifer për 30 minuta që të forcohet.
f) Në një tas të vogël vendosim qepën e prerë në feta. Spërkateni me sheqer pluhur dhe 1 lugë çaji kripë, më pas hidhini butësisht për t'u kombinuar. Shtoni lëngun turshi nga jalapeños, përzieni për t'u kombinuar dhe lëreni mënjanë për turshi.
g) Në një enë tjetër të vogël, grijeni avokadon me salcë kosi dhe jalapeños. I rregullojmë me kripë dhe piper dhe e lëmë mënjanë.
h) Ngrohni një tigan për skarë ose grill mbi nxehtësi të lartë. Lyejini fetat e ananasit me 2 lugë çaji vaj ulliri dhe skuqini për 1 minutë nga secila anë ose derisa të karbonizohen lehtë.
i) Lyejeni petat e burgerit me 2 lugët e mbetura të vajit të ullirit dhe skuqini në skarë për 2-3 minuta nga secila anë derisa të nxehen. Grijini në skarë anët e prera të tufave të burgerit për 30 sekonda ose derisa të skuqen lehtë.

MBLEDHNI BURGERËT:

j) Përhapeni përzierjen e avokados në gjysmat e simiteve. Shtroni me lakër, një petë burger, ananas të pjekur në skarë dhe qepë turshi.
k) Shërbejeni me majonezë kewpie.
l) Shijoni Burgerin tuaj të shijshëm Cajun Black Bean!

84. Burger me thjerrëza dhe arra

PËRBËRËSIT:
- 1 filxhan thjerrëza të gatuara
- ½ filxhan arra të copëtuara
- ¼ filxhani thërrime buke
- ¼ filxhan qepë të grirë hollë
- 2 thelpinj hudhre, te grira
- 1 lugë çaji qimnon i bluar
- Kripë dhe piper për shije
- 4 simite burger
- Mbushje sipas dëshirës tuaj (marule, domate, qepë, etj.)

UDHËZIME:
a) Në një enë bashkojmë thjerrëzat e ziera, arrat e grira, thërrimet e bukës, qepën, hudhrën, qimnonin, kripën dhe piperin.
b) Përziejini mirë derisa të bashkohen të gjithë përbërësit.
c) Përzierjen e ndajmë në katër pjesë të barabarta dhe i japim formë pete.
d) Ngrohni paraprakisht një tigan me skarë ose sobë mbi nxehtësinë mesatare-të lartë.
e) Gatuani petat e thjerrëzave dhe arrave për rreth 4-5 minuta nga çdo anë, ose derisa të nxehen dhe të forcohen.
f) Skuqni kokrrat e burgerit lehtë në skarë ose në një dolli.
g) Mblidhni burgerët me mbushjet tuaja të preferuara dhe shërbejini.

85. Burger i fasules së zezë Santa Fe

PËRBËRËSIT:

- 14 ons fasule të zeza organike, të kulluara dhe të shpëlarë
- 2 lugë supë perimesh
- ¼ filxhan tërshërë të mbështjellë
- ½ lugë çaji pluhur hudhër
- ¼ filxhan miell liri
- ¼ filxhani salsa e trashë
- 1 lugë çaji qimnon
- ½ lugë çaji kajen
- ½ lugë çaji kripë rozë
- Miell misri, për pluhurosje

UDHËZIME:

a) Grini fasulet e zeza me një pirun në një tas përzierjeje me madhësi mesatare. Ju mund të lini disa copa për cilësi.

b) Kombinoni tërshërën, miellin e bajameve, erëzat, kripën dhe salcën në një tas. Përziejini edhe një herë, dhe mos ngurroni të përdorni duart tuaja.

c) Shtoni më shumë miell liri ose miell bajame nëse përzierja është shumë e lagur. Kontrolloni shijen.

d) Ndani masën dhe formojini në petë të madhësisë që dëshironi. Pluhuroni lehtë me miell misri nëse dëshironi.

e) Tapa: Në një tigan mesatar ngrohni 2 lugë lëng mishi me perime. Gatuani për rreth 5 minuta nga secila anë.

f) Furra (pa vaj): Ngrohni furrën në 350 °F. Rreshtoni një fletë pjekjeje me letër furre, më pas vendosni petat mbi të. Piqni për 10-15 minuta në raftin qendror të furrës, më pas kthejeni dhe përsërisni.

86. Burgera me oriz me thjerrëza

PËRBËRËSIT:

- ¾ filxhan Thjerrëzat
- 1 Patate e ëmbël
- 10 Gjethet e freskëta të spinaqit, të grira
- 1 filxhan kërpudha të freskëta, të prera në kubikë
- ¾ filxhan Therrime buke
- 1 lugë çaji Tarragon
- 1 lugë çaji Hudhra pluhur
- 1 lugë çaji Thekon majdanoz
- ¾ filxhan Oriz me kokërr të gjatë

UDHËZIME:

a) Gatuani orizin derisa të jetë i butë dhe pak ngjitës, më pas shtoni thjerrëzat.
b) Grini një patate të ëmbël të qëruar të gatuar.
c) Kombinoni përzierjen e orizit, pataten e ëmbël dhe të gjithë përbërësit e tjerë në një tas.
d) Lëreni në frigorifer për 15 deri në 30 minuta. Formojini në peta dhe gatuajeni në një Barbecue në natyrë me një skarë perimesh.
e) Sigurohuni që ta lyeni me vaj ose spërkatni tiganin me Pam për të parandaluar ngjitjen e burgerëve.

87. Burger Mung Bean me Ullinj

PËRBËRËSIT:

- ½ filxhan fasule mung jeshile, të njomura dhe të gatuara
- 1 lugë gjelle farë liri të artë, e bluar
- ¼ lugë çaji piper i zi
- ½ filxhan ullinj Kalamate, te grire holle
- ½ lugë çaji rigon
- ¼-½ lugë çaji kripë deti kelt
- 1 lugë gjelle pastë domate organike
- 1 lugë gjelle domate të thara, të prera në kubikë
- ¼ filxhan majdanoz të freskët, të grirë
- ½ filxhan qepë, të prerë në kubikë
- 2 thelpinj hudhre, te grira

UDHËZIME:

a) Ngroheni furrën në 375 gradë Fahrenheit.
b) Në një tas, bashkoni farat e lirit dhe ujin.
c) Në një përpunues ushqimi, bëni pure fasulet derisa të kenë një strukturë të lëmuar.
d) Vendoseni në një legen përzierjeje me madhësi mesatare.
e) Hidhni në të ullinjtë, qepën, hudhrën, domatet e thara në diell, majdanozin, erëzat, pastën e domates dhe përzierjen e lirit.
f) Formoni 4-6 hamburgera dhe shpërndani në mënyrë të barabartë në një tigan.
g) Gatuani për 15 minuta nga njëra anë, më pas kthejeni dhe gatuajeni edhe për 5 minuta të tjera.

88. Burger fasule e zezë me çedër dhe qepë

PËRBËRËSIT:

- 400 gr fasule të zeza të ziera
- Vaj kikiriku për tiganisje
- 65 g qepë të grirë hollë
- 1 lugë çaji paprika e tymosur
- 3 lugë salcë BBQ
- 1 lugë çaji djegës pluhur
- 50 gr arra te pjekura te thata
- 2 lugë gjelle koriandër të grirë imët
- 100 gr oriz i zi i zier
- 25 gr bukë panko
- kripë deti
- Qepë të karamelizuara
- 2 qepe
- 2 lugë gjelle gjalpë
- 1 lugë gjelle uthull vere të kuqe

Për të shërbyer
- 120 g kedër
- 6 simite burger, të përgjysmuar
- gjalpë për simite
- Gjethet e marules Romaine

UDHËZIME:

a) Në një tigan ngrohni vajin dhe kaurdisni qepët.
b) Ulni zjarrin në minimum dhe shtoni specin djegës dhe paprikën.
c) Përzieni salcën BBQ.
d) Në një tas, hidhni arrat me fasulet, koriandërin, orizin, thërrimet e pankos dhe pak kripë.
e) Përzieni përzierjen e qepëve derisa të përzihet plotësisht.

f) Formoni 6 peta rrethore me nga një grusht përzierje dhe më pas mbështillini me film ushqimor.
g) Lëreni në frigorifer për të paktën një orë.
h) Hidhni qepët në një tenxhere të ftohtë pasi i qëroni dhe i prisni. Vendosni gjalpin në tenxhere dhe vendoseni në zjarr mesatar dhe më pas mbulojeni.
i) Hidhni uthullën, ngrini zjarrin dhe gatuajeni për rreth 15 minuta, ose derisa lëngu të jetë pakësuar shumë.
j) Ngroheni skarën në 350 gradë Fahrenheit dhe më pas piqini petat për disa minuta nga të dyja anët, derisa të ketë marrë një ngjyrë të mirë.
k) Mbushni çdo burger me disa feta djathi dhe piqeni në skarë derisa djathi të shkrihet.
l) Lyejeni me gjalpë sipërfaqet e prera të grilës së simiteve.
m) Në fund të çdo buke, vendosni një petë.
n) Shtoni një gjethe marule dhe një kukull bujare qepë të karamelizuar sipër.

89. Burger me kuinoa dhe patate të ëmbla

PËRBËRËSIT:
- 3 patate të ëmbla mesatare, të pjekura
- 2 vezë
- 1 filxhan miell qiqrash
- 1 lugë çaji djegës pluhur
- 1 lugë gjelle mustardë Dijon me kokërr të plotë
- 1 lugë gjelle gjalpë arre ose gjalpë tjetër arra
- lëng $\frac{1}{2}$ limoni
- 1 majë kripë deti
- 200 g quinoa
- Vaj kikiriku, për tiganisje
- Kosi rrikë
- 3 lugë gjelle rrikë të grirë imët
- $1\frac{1}{4}$ filxhan salcë kosi
- kripë deti

PËR TË SHËRBUAR
- 6 simite burger, të përgjysmuar
- gjalpë për simite
- qepe e kuqe aziatike të prera imët
- qiqra të grira imët

UDHËZIME:
a) Ndani patatet për së gjati dhe përdorni një lugë për të gërvishtur të brendshmet.
b) Përziejini vezët në një përpunues ushqimi dhe përzieni patatet e ëmbla, miellin e qiqrave, pluhurin djegës, mustardën, gjalpin e arrave, lëngun e limonit dhe kripën. Shtoni kuinoan.
c) Duke përdorur një grusht të përzierjes, formoni petë të rrumbullakëta.
d) Në një tas përzieni, bashkoni kripën, rrikën dhe kosin.

e) Në nxehtësi mesatare, piqni petat në skarë për disa minuta nga të dyja anët.
f) Lyejeni me gjalpë sipërfaqet e prera të simiteve dhe skuqini shpejt në skarë.
g) Vendosni një hamburger në fund të secilës simite dhe mbulojeni me salcë kosi rrikë, qepe dhe qiqra.

90. Burgera me thjerrëza dhe oriz

PËRBËRËSIT:
- ¾ filxhan Thjerrëza
- 1 patate e embel
- 10 gjethe të freskëta spinaqi; deri në 15
- 1 filxhan kërpudha të freskëta
- ¾ filxhani thërrime buke
- 1 lugë çaji tarragon
- 1 lugë çaji pluhur hudhër
- 1 lugë çaji thekon majdanoz
- ¾ filxhan oriz me kokërr të gjatë

UDHËZIME:
a) Gatuani orizin derisa të gatuhet dhe të ngjitet pak & thjerrëzat derisa të zbuten. Ftoheni pak. Grini imët një patate të ëmbël mesatare të qëruar dhe gatuajeni derisa të jetë e butë. Ftoheni pak.

b) Pritini imët kërpudhat. Gjethet e spinaqit duhet të shpëlahen dhe të grihen imët. Përziejini të gjithë përbërësit dhe erëzat duke shtuar kripë dhe piper për shije.

c) Ftoheni në frigorifer për 15-30 min. Formojini në pete dhe skuqini në një tigan ose mund të bëhen në një skarë perimesh ose në një skarë të jashtme.

91. G burger shiu dhe djathi

PËRBËRËSIT:
- 1½ filxhan Kërpudha, të copëtuara
- ½ filxhan Qepë të njoma, të copëtuara
- 1 lugë gjelle Margarinë
- ½ filxhan Tërshërë e mbështjellë, e rregullt
- ½ filxhan Oriz kaf, i gatuar
- ⅔ filxhan Djathë i grirë, mocarela
- Ose çedër
- 3 lugë gjelle Arra, të copëtuara
- 3 lugë gjelle Vilë ose djathë ricotta
- Pak yndyre
- 2 te medha Vezët
- 2 lugë gjelle Majdanoz, i grirë
- Kripë, piper

UDHËZIME:
a) Në një tigan 10 deri në 12 inç që nuk ngjit mbi nxehtësinë mesatare, gatuajini kërpudhat dhe qepët e njoma në margarinë derisa perimet të jenë të çalë, rreth 6 minuta. Shtoni tërshërën dhe përzieni për 2 minuta.

b) Hiqeni nga zjarri, lëreni të ftohet pak, më pas përzieni orizin e zier, djathin, arrat, gjizën, vezët dhe majdanozin. Shtoni kripë dhe piper për shije. Në një fletë pjekjeje të lyer me vaj 12X15 inç formoni 4 peta, secila ½ inç e trashë.

c) Ziejini 3 inç nga nxehtësia, duke e kthyer një herë, gjithsej 6 deri në 7 minuta. Shërbejeni në bukë me majonezë, rrathë qepë dhe marule.

d)

92. Sanduiç me kuinoa të kuqe dykatëshe

PËRBËRËSIT:
- ½ filxhan quinoa e kuqe
- 1 filxhan lëng perimesh
- 4 kapele të mëdha kërpudhash portabella
- 2 lugë vaj kokosi, të ndara
- ¼ filxhan qepë të grirë hollë
- ½ filxhan pikane të papërpunuara
- 2 qepë të njoma, të grira
- 2 lugë çaji uthull vere orizi
- 1 lugë çaji hudhër pluhur
- 2 lugë maja ushqyese
- 2 lugë gjelle kërpi të papërpunuar të prerë
- ¼ filxhan miell
- 3 simite burger gruri integral
- Mbushje dhe erëza: marule, domate, qepë e kuqe, mustardë, majonezë pikante pa qumësht

UDHËZIME:
a) Vendosni kuinoan në një sitë dhe shpëlajeni mirë. Kombinoni quinoan dhe lëngun e mishit në një tenxhere të vogël. Lëreni të vlojë, mbulojeni dhe zvogëloni në zjarr të ngadaltë. Gatuani për 10 deri në 15 minuta ose derisa lëngu të përthithet. Hiqeni nga zjarri dhe lëreni me kapak për 5 minuta.
b) Hiqni gushat nga kërpudhat dhe hidhini. Pritini kapakët e kërpudhave.
c) Ngrohni 1 lugë gjelle vaj në një tigan të madh. Shtoni qepën dhe kërpudhat dhe skuqini për 10 minuta. Shtoni pecanët dhe ziejini edhe për 5 minuta të tjera. Hiqeni nga zjarri dhe lëreni të ftohet.

d) Shtoni përzierjen e kërpudhave, qepën e gjelbër dhe uthullën në një përpunues ushqimi. Procedoni deri në shumë mirë. Nuk do të jetë e qetë.
e) Transferoni në një tas të madh dhe shtoni quinoan, hudhrën pluhur, maja ushqyese, farat e kërpit dhe miellin. Përziejini derisa të përzihen mirë. Formojini në gjashtë peta në madhësinë e simiteve të burgerit.
f) Ngrohni vajin e mbetur në një tigan të madh dhe skuqni një nga një petë në mënyrë që ta ktheni lehtë. Skuqini deri në kafe të artë nga secila anë.
g) Mblidhni dykatëshet: Shtroni pjesën e poshtme të simite, shtoni mustardë, marule, petë, qepë të kuqe, marule, majonezë pikante pa qumësht, majonezë pikante pa qumësht, majonezë pikante pa qumësht, domate dhe sipër simite.

BURGERËT E MBUSHUR

93. Burger i mbushur me djathë blu dhe spinaq

PËRBËRËSIT:
- 1 kile mish viçi të bluar
- 1 lugë gjelle salcë Worcestershire
- 1 lugë çaji piper i zi i sapo bluar
- ⅓ deri në ½ filxhan djathë blu të thërrmuar (afërsisht 2 ons)
- 1 qepë e kuqe e mesme, e prerë në feta hollë
- Vaj ulliri
- Kripë
- 4 simite hamburgeri, të ndarë
- 1 filxhan spinaq të freskët për bebe

UDHËZIME:
a) Në një tas të gjerë, përzieni mishin e bluar të viçit, salcën Worcestershire dhe piperin e zi të sapo bluar. Formoni përzierjen e viçit në tetë peta të holla me diametër 4 inç në një copë letre të depiluar.
b) Vendosni 1 lugë gjelle djathë blu të thërrmuar në qendër të katër petëve. Mbi ato me katër petat e mbetura, duke i mbyllur skajet duke i shtrënguar së bashku.
c) Lyejmë fetat e qepës së kuqe me vaj ulliri dhe i spërkasim me pak kripë.
d) Ngroheni skarën, duke e lënë të pambuluar, në nxehtësi mesatare-të lartë. Piqini në skarë burgerët dhe fetat e qepëve për 5 minuta në çdo anë, ose derisa të arrijnë një temperaturë të brendshme të sigurt prej 160°F deri në 165°F. Në minutën e fundit të pjekjes në skarë, lyejini anët e prera të simiteve të hamburgerit me vaj ulliri dhe grijini ato në skarë nga ana e prerë poshtë.
e) Shërbejini hamburgerët e mbushur në simite të pjekura në skarë, të shoqëruar me fetat e qepës së pjekur në

skarë, spinaqin e freskët të bebes dhe djathin blu të mbetur.

f) Shijoni Burgerin tuaj të shijshëm me djathë blu dhe spinaq të mbushur me qepë të kuqe!

94. Burgers Guacamole me djathë dhie të mbushura

PËRBËRËSIT:

Qepë të karamelizuara:
- 2 lugë gjelle vaj ulliri
- 2 lugë gjelle gjalpë pa kripë
- 2 qepë të mëdha Vidalia ose të ëmbla, të prera në feta
- ¼ lugë çaji kripë
- 1 lugë gjelle sheqer kaf

GUACAMOLE:
- 2 avokado të pjekura, të grira
- 2 lugë gjelle cilantro të freskët të copëtuar
- 2 lugë qepë të ëmbël të prerë në kubikë
- ½ piper jalapeño, i prerë dhe i prerë në kubikë
- ¼ lugë çaji kripë
- ¼ lugë çaji piper
- Lëng nga 1 lime

TANGY BBQ MAYO:
- ½ filxhan majonezë
- 3 lugë salcë BBQ
- 2 lugë çaji mustardë Dijon

BURGERAT E MBUSHUR ME DJATH DHI:
- 1 kile mish viçi të bluar
- 1 lugë çaji kripë
- 1 lugë çaji piper
- ½ lugë çaji pluhur hudhër
- 6 ons trung djathi dhie të ftohtë, të prerë në feta ½ inç të trasha (është mirë nëse ato shkërmoqen pak)
- 1 lugë gjelle vaj ulliri
- 1 lugë gjelle gjalpë pa kripë
- 4 ons djathë çedër të mprehtë
- 2 gota zarzavate pranverore
- 4 simite Havai, të thekur

UDHËZIME:

a) Nxehni një tigan të madh në zjarr të ulët. Shtoni vajin e ullirit dhe gjalpin. Pasi të jetë shkrirë, shtoni qepët dhe kripën, duke i trazuar mirë që të mbulohen. Mbulojeni dhe lërini të gatuhen për 25 deri në 30 minuta, duke i përzier shpesh, derisa të bëhen të artë dhe të butë.
b) Hidhni sheqerin kaf dhe gatuajeni për 10 minuta të tjera.
c) Përziejini të gjithë përbërësit e guacamole derisa të kombinohen mirë. Shijoni dhe rregulloni erëzat nëse është e nevojshme.
d) Rrihni së bashku majonezën, salcën BBQ dhe mustardën Dijon derisa të kombinohen mirë.

BURGERAT E MBUSHUR ME DJATH DHI:

e) Vendoseni mishin e grirë në një tas të madh dhe e rregulloni me kripë, piper dhe pluhur hudhre. Përziejini butësisht për të lyer, më pas ndani mishin në katër pjesë të barabarta.
f) Merrni secilën pjesë dhe formoni dy peta - një për sipër dhe një për pjesën e poshtme. Vendosni një fetë djathë dhie në qendër të një pete dhe mbulojeni me petkun tjetër, duke shtypur buzët butësisht për të mbyllur djathin e dhisë brenda. Përsëriteni me pjesët e mbetura të viçit.
g) Ngroheni një tigan mbi nxehtësinë mesatare në të lartë dhe shtoni vaj ulliri dhe gjalpë. Gatuani hamburgerët në masën e dëshiruar (të paktën 4 minuta për çdo anë për mirë të mesëm, por mbani në mend djathin e dhisë është brenda). Një minutë para se të mbarojnë, vendosni sipër disa feta çedar.
h) Për të mbledhur hamburgerët, spërkatni disa lugë guacamole në simite të poshtme dhe vendosni burgerin

sipër. Sipër shtoni qepë të karamelizuara, majonezë BBQ dhe zarzavate pranverore. Shërbejeni menjëherë!

i) Shijoni Burgerët tuaj të shijshëm Guacamole me djathë dhie me çedër dhe qepë të karamelizuara!

95. Burgers të mbushur me proshutë me djathë pimento

PËRBËRËSIT:
PËR QEPËT E KARAMELIZUARA:
- 2 feta proshutë, të prera imët
- 1 qepë e bardhë e madhe, e prerë në feta hollë
- ¼ filxhan uthull vere orizi
- 1 lugë çaji sheqer të grimcuar
- 1 lugë çaji kripë kosher

PËR DJATHIN PIMENTO:
- 3 oce krem djathi, në temperaturë dhome
- 4 ons djathë çedër shumë i mprehtë, i grirë
- 1 jalapeño e madhe, e grirë
- 1 lugë gjelle jalapeño turshi të grirë imët
- 1 lugë gjelle pimentos të copëtuara
- Një majë piper kajen

PËR BURGERËT:
- 1 ¼ paund mish viçi të bluar (15% yndyrë)
- 4 Holandisht Crunch ose role të tjera të forta, të ndara në gjysmë
- 2 lugë majonezë
- 1 avokado e madhe, e prerë në kubikë
- Përzierje marule

UDHËZIME:
a) Në një tigan, gatuajeni proshutën e prerë në kubikë mbi nxehtësinë mesatare dhe të ulët derisa të marrë ngjyrë kafe dhe të bëhet krokante, përafërsisht 5 deri në 7 minuta.

b) Transferoni proshutën krokante në një pjatë të veshur me peshqir letre duke përdorur një lugë të prerë dhe hidhni pikimet.

c) Pritini hollë qepën dhe vendoseni në një tas të thellë dhe të ngushtë. Shtoni uthullën e verës së orizit, sheqerin e

grimcuar dhe kripën kosher, duke e trazuar për t'u kombinuar. Lëreni në frigorifer për të paktën 20 minuta.
d) Në tasin e një procesori ushqimi, bashkoni kremin e djathit dhe djathin çedër të grirë.
e) Shtoni jalapeño të freskët të grirë, jalapeño turshi të copëtuar, pimentos dhe një majë piper kajen në përzierjen e djathit.
f) Pulsoni derisa të gjithë përbërësit të kombinohen plotësisht.

BURGER PATTIES:
g) Ndani mishin e bluar në 8 pjesë të barabarta dhe formoni ato në petë të trasha $\frac{1}{4}$ inç.
h) Përdorni pjesën e poshtme të një tasi ose pjate të vogël për të shënuar një vend për mbushje. Ndani proshutën e gatuar në mënyrë të barabartë në katër nga petat.
i) Mbi çdo petë të mbuluar me proshutë me një nga petat e mbetura dhe shtypni skajet së bashku për t'u mbyllur, duke krijuar petë të mbushura me burger. Lërini ato mënjanë.

PJEKJA DHE MONTIMI:
j) Ngrohni një skarë me gaz në nxehtësi mesatare-të lartë.
k) Vendosini simitet e burgerit, të prera nga ana e poshtme, në skarë dhe ziejini derisa të jenë pjekur për rreth 1 minutë. Jini vigjilentë për të parandaluar djegien.
l) Transferoni simitet e thekur në një dërrasë prerëse.
m) Përhapeni majonezë në 4 nga gjysmat e simiteve.
n) Grini një të katërtën e avokados së prerë në kubikë sipër majonezës në secilën role.
o) Sipër avokados me një grusht të vogël të përzierjes së maruleve dhe një lugë qepë të marinuara.
p) Përhapeni katër gjysmat e tjera simite me sasi të barabarta djathi pimento. Mund të përdorni më pak se e

gjithë grupi; çdo mbetje mund të ruhet në frigorifer deri në një javë.

q) Petat e mbushura me burger i rregullojmë me kripë dhe piper dhe i vendosim në skarë.

r) Gatuani petat, të mbuluara, derisa të marrin ngjyrë kafe nga të dyja anët, afërsisht 4 minuta për anë për të rralla.

s) Petat e gatuara i ndajmë në rolet e përgatitura dhe plotësojmë burgerët duke i lyer me gjysmat e mbetura simite.

t) Shërbejini menjëherë Burgerët e mbushur me proshutë me djathë pimento dhe avokado. Kënaquni!

96. Burgers me salsiçe të mbushura me proshutë Guacamole

PËRBËRËSIT:
- 6 feta proshutë pekanwood
- ½ filxhan dip Guacamole
- 1 kile sallam italian i bluar
- 4 simite hamburgeri, të ndarë
- Salsa (opsionale)

UDHËZIME:
a) Ngrohni grilën në nxehtësi të lartë.
b) Përgatisni proshutën sipas udhëzimeve të paketimit derisa të bëhet krokante. Kullojmë proshutën dhe e thërrmojmë.
c) Llokoçisni proshutën e grimcuar në dip guacamole.
d) Salsiçen italiane të bluar e ndajmë në 8 pjesë të barabarta dhe i japim në formë pete të holla.
e) Mbi 4 nga këto petë, vendosni një pjesë të përzierjes së proshutës-guacamole.
f) Mbuloni çdo petë të mbuluar me proshutë me guacamole me një nga petat e thjeshta të mbetura.
g) Mbërtheni skajet e petëve për t'u mbyllur, duke krijuar petë të mbushura me burger.
h) Vendosini petat e burgerëve të mbushura në skarë të nxehur më parë.
i) Piqini ato në skarë për afërsisht 6 deri në 7 minuta nga secila anë, ose derisa të jenë gatuar në nivelin e dëshiruar të gatishmërisë.

MONTIMI I BURGERËVE:
j) Mbushni tufat e hamburgerit me hamburgerët e mbushur në skarë.
k) Sipas dëshirës i shërbejmë hamburgerët me salsa anash.
l) Burgerët tuaj me salsiçe të mbushura me Bacon Guacamole tani janë gati për t'u shërbyer. Kënaquni!

97. Burgera të mbushur me djathë blu dhe proshutë

PËRBËRËSIT:

- 1 kile fileto viçi të bluar (të paktën 90% e ligët)
- 3 feta proshutë, të skuqura në tigan dhe të grimcuara imët
- 3 ons djathë blu, i thërrmuar ($\frac{3}{4}$ filxhani)
- 2 lugë majdanoz të freskët të grirë hollë
- $\frac{1}{4}$ lugë çaji kripë
- $\frac{1}{2}$ lugë çaji piper i zi i sapo bluar
- 4 simite hamburgeri
- Erëza (ketchup, mustardë, marule, domate, qepë, turshi - sipas dëshirës)

UDHËZIME:

a) Në një tas të madh, kombinoni mishin e grirë, proshutën e grirë, djathin blu, majdanozin e grirë imët, kripën dhe piperin e zi të sapo bluar. Përziejini tërësisht duke përdorur duart tuaja, duke siguruar që të gjithë përbërësit të shpërndahen në mënyrë të barabartë. Formoni përzierjen në katër peta burger me përmasa të barabarta.

b) Ngrohni një skarë me gaz në nxehtësi të lartë. Vendosni petat e burgerit në grilat e grilit, mbyllni kapakun e grilës dhe gatuajeni për rreth 5 minuta.

c) Pas 5 minutash, ktheni me kujdes burgerët duke përdorur një shpatull, mbyllni kapakun e grilës dhe vazhdoni gatimin për rreth 4 minuta të tjera. Kjo do të rezultojë në një burger të gatuar mesatarisht me një qendër rozë, ose mund t'i gatuani më gjatë nëse preferoni burgerët tuaj më të përgatitur. Sigurohuni që një termometër i leximit të menjëhershëm i futur në qendër të një pete regjistron 160 gradë Fahrenheit.

d) Pasi burgerët të jenë gatuar në nivelin e dëshiruar, hiqini nga grila.
e) Ndani petat e pjekura në skarë në simite me hamburger.
f) Mbushini hamburgerët tuaj me erëza të zgjedhura. Një përzgjedhje e rekomanduar përfshin ketchup, mustardë, marule, domate, qepë dhe turshi për përvojën klasike të burgerit.
g) Shërbejini menjëherë Burgerët tuaj të shijshëm të mbushur me djathë blu dhe proshutë dhe shijoni!
h) Këta burgerë janë të mbushur me shije, të lagësht dhe me siguri do të jenë një hit në vaktin tuaj të ardhshëm!

98. Burgers feta të mbushura greke me Tzatziki

PËRBËRËSIT:

- 2 paund mish viçi të bluar (80% të ligët)
- ½ qepë e kuqe mesatare, e prerë hollë (rreth ¾ gota)
- ⅓ filxhan speca zile të kuqe të pjekura, të prera imët
- 3 thelpinj hudhre, te grira
- 1 lugë çaji lëvore limoni të sapo grirë
- Lëng nga 1 limon (rreth 3 lugë)
- 1 ½ lugë çaji rigon të tharë
- 1 lugë çaji piper i kuq i grimcuar
- 7 oce djathë feta, i grimcuar
- Kripë dhe piper
- 7 simite hamburgeri, per servirje
- Salcë Tzatziki, për servirje
- Gjalpë marule, për servirje
- Domate të prera hollë, për servirje
- Kastravecat e prera holle, per servirje
- Qepë të kuqe të prerë hollë, për servirje

UDHËZIME:

a) Në një tas të madh, bashkoni mishin e grirë, qepën e kuqe të prerë hollë, specat e kuq të pjekur të pjekur, hudhrën e grirë, lëkurën e limonit të sapo grirë, lëngun e limonit, rigonin e tharë dhe piperin e kuq të grimcuar. Përziejini gjithçka me duart tuaja derisa të kombinohen mirë.

b) Ndani përzierjen e mishit të grirë në shtatë pjesë të barabarta, duke e formuar secilën në një petë prej 5,5 ons. Shtoni 1 ons djathë feta të thërrmuar në qendër të çdo pete. Palosni petën rreth djathit, më pas rrafshoni në një trashësi prej ¾ inç. Bëni një gropë të lehtë në qendër të çdo bizele duke përdorur gishtin e madh për të parandaluar fryrjen e tyre në skarë gjatë gatimit. I rregulloni të dyja anët e petat me kripë dhe piper sipas preferencës tuaj. I vendosim petat në frigorifer derisa të forcohen dhe të jenë të ftohta në prekje.

c) Ngrohni një skarë me gaz në nxehtësi të lartë (rreth 500°F).
d) Grijini burgerët, të mbuluar, në zjarr të drejtpërdrejtë për 3-5 minuta nga secila anë ose derisa të arrijnë një temperaturë të brendshme prej 150°F (mesatarisht).
e) Për t'i shërbyer, theksoni simitet e hamburgerit. Përhapni një sasi bujare të salcës tzatziki në të dy simitet e sipërme dhe të poshtme. Shtroni çdo simite me marule, një petë burger, feta domate, kastraveca të prera dhe feta qepë të kuqe.
f) Hidhni sipër gjysmën e mbetur të simite dhe shërbejeni menjëherë.
g) Shijoni hamburgerët tuaj të shijshëm të feta greke të mbushura me Tzatziki!

99. Burgera të mbushura me kërpudha

PËRBËRËSIT:

- 1 ½ paund mish viçi pa dhjamë
- ¼ filxhan qepë të grirë hollë
- 2 vezë mesatare të rrahura pak
- ¾ filxhan bukë të butë
- ¼ filxhan ketchup
- ½ lugë çaji kripë
- ⅛ lugë çaji piper
- 2 lugë gjelle gjalpë
- 8 ons kërpudha, të prera në feta
- 6 feta djathë (çedër, mocarela ose amerikane)
- 6 simite të mëdha, të ndara dhe të thekura

UDHËZIME:

a) Në një tas të madh, bashkoni mishin e grirë, qepën e grirë hollë, vezët pak të rrahura, thërrimet e buta të bukës, ketchup, kripë dhe piper.

b) Formoni përzierjen e viçit në 12 peta të holla, rreth ¼ inç të trasha.

c) Në një tigan shkrini gjalpin dhe kaurdisni kërpudhat e prera në feta derisa të zbuten.

d) Vendosni kërpudhat e skuqura sipër 6 petëve të viçit.

e) Hidhni sipër 6 petat e mbetura dhe shtypni skajet që të mbyllen, duke krijuar petë të mbushura me burger.

f) Ziejini, grijini në skarë ose piqini në skarë burgerët e mbushur në nivelin e gatishmërisë që dëshironi.

g) Mbi çdo burger hidhni një fetë djathë dhe lëreni të shkrihet.

h) Shërbejini Burgerët e mbushur me kërpudha në tufa të thekur të ndarë. Mund të shtoni marule, domate ose ndonjë erëza dhe perime që dëshironi. Shijoni burgerët tuaj të shijshëm të mbushur!

100. Burgera të karamelizuara të mbushura me qepë

PËRBËRËSIT:
- 2 kile mish viçi të bluar
- 3 qepë të verdha, të prera hollë
- 2 lugë vaj avokado, të ndara
- 1 lugë gjelle Ghee
- 2 lugë çaji kripë, të ndara
- 1 lugë çaji Piper, i ndarë
- 1 lugë çaji hudhër pluhur
- 1 lugë çaji paprika
- 1 thelpi hudhër, e grirë

UDHËZIME:
a) Ngrohni furrën në 375°F (190°C).
b) Në një tas të madh përzierjeje, shtoni mishin e grirë, 1 lugë çaji kripë dhe ½ lugë çaji piper. Përziejini për t'u bashkuar dhe formoni masën në 12 peta me madhësi të barabartë. I vendosim petat e formuara në një tepsi të shtruar dhe i vendosim në frigorifer.
c) Ngrohni 1 lugë gjelle vaj avokadoje dhe ghee në një tigan të madh prej gize mbi nxehtësinë mesatare-të ulët.
d) Shtoni në tigan qepët e prera hollë dhe lërini të ziejnë duke i përzier herë pas here derisa të marrin ngjyrë kafe dhe të karamelizohen, gjë që do të zgjasë rreth 15-20 minuta.
e) Kur qepët janë gati, fikni zjarrin dhe përzieni hudhrën e grirë. Hiqeni përzierjen e qepëve nga tigani dhe lëreni të ftohet plotësisht.
f) Hiqini petat nga frigoriferi dhe rregulloni pjesën e jashtme të secilës petë me kripën e mbetur, piper, hudhër pluhur dhe paprikë.
g) Vendosni rreth 1 lugë gjelle nga përzierja e qepëve të karamelizuara në qendër të 6 petëve. Më pas, përdorni 6

petat e tjera për të mbuluar qepët, duke formuar petë në madhësi të plotë me qepët nga brenda.

h) Shtoni pjesën e mbetur të lugës së vajit të avokados në tiganin prej gize dhe ngroheni në temperaturë mesatare.

i) Pasi vaji të jetë nxehur, vendosini burgerët e mbushur në tigan dhe i gatuajmë nga secila anë për 4 minuta.

j) Transferoni tiganin në furrën e parangrohur për të përfunduar gatimin. Gatuani në nivelin e dëshiruar të gatishmërisë. Për raste të rralla, gatuajeni për rreth 5 minuta në furrë. Rregulloni kohën për hamburgerët mesatarë ose të përgatitur mirë sipas preferencës tuaj.

k) Hiqeni tiganin nga furra dhe hamburgerët tuaj të mbushur me qepë të karamelizuar janë gati për t'u shërbyer. Kënaquni!

PËRFUNDIM

Ndërsa përfundojmë udhëtimin tonë nëpër "Arti i Burgerit", shpresojmë që të keni qenë të frymëzuar për të ngritur në përsosmëri vaktin e preferuar të Amerikës dhe për të shpalosur kreativitetin tuaj në kuzhinë. Pavarësisht nëse po organizoni një barbekju në oborrin e shtëpisë, po planifikoni një darkë të rastësishme ose thjesht dëshironi një hamburger të shijshëm për drekë, ka diçka që të gjithë të shijojnë në këto faqe.

Ndërsa vazhdoni të eksperimentoni me përbërës, shije dhe mbushje të ndryshme, çdo burger që bëni mund t'ju sjellë gëzim dhe kënaqësi. Pavarësisht nëse po gatuani për veten tuaj, familjen ose miqtë tuaj, përvoja e krijimit dhe shijimit të këtyre krijimeve të shijshme mund të krijojë kujtime të dashura dhe t'i bashkojë njerëzit rreth tryezës.

Faleminderit që na u bashkuat në këtë udhëtim të shijshëm përmes artit të burgerit. Qoftë e mbushur kuzhina juaj me zhurmën e petëve të pjekura në skarë, aromën e simiteve të sapopjekura dhe të qeshurat e vakteve të përbashkëta. Derisa të takohemi sërish, gëzuar bërjen e hamburgerëve dhe oreks të mirë!

www.ingramcontent.com/pod-product-compliance
Lightning Source LLC
Chambersburg PA
CBHW070648120526
44590CB00013BA/879